戏曲进校园丛书

石泉 编著

戏曲进校园

石泉 主编
马帅 副主编

湖南文艺出版社·长沙

主　　编	石　泉
副 主 编	马　帅
编　　著	石　泉
编　　委	王志苹　刘志梅　蔺文锐
参编人员	耿　敬

序 言

中国传统戏曲艺术是美育的宝贵资源。在儒家教育思想中，美育是德育的基础，其功用在于怡情养性。在中国传统戏曲中，大量优秀作品以不同角度阐释善与美，和谐与秩序。这种阐释不仅仅局限于文学剧本，戏曲独特的程式与写意性更以极细微的触角，展示着中华民族传承千年的民族性格以及哲学思想范式，反映和表达了中华民族特有的感情、精神追求以及家国情怀，因此戏曲具有别的艺术形式所无法替代的教育价值。

2015年7月11日，国务院办公厅印发《关于支持戏曲传承发展的若干政策》，其中明确提出要加强学校戏曲通识教育，鼓励大中小学生走进剧场。2017年8月，中宣部、教育部、财政部、文化部联合发布《关于戏曲进校园的实施意见》，明确2020年，戏曲进校园实现常态化、机制化、普及化，基本实现全覆盖。2022年由中共中央办公厅、国务院办公厅印发的《"十四五"文化发展规划》，再次强调加强中华优秀传统文化和革命文化研究阐释，加强非物质文化遗产保护传承。

其实，早在2008年教育部已经开始大力推进"京剧进校园"，虽然在十几年的教学实践中，各地学校都积累了很多经验，然而依然存在不少困惑，主要的问题是师资匮乏。"京剧进校园"的理想师资，应是既掌握戏曲专业技能，又具备普及教育能力的戏曲教师。显然，实际情况很难满足需要。通常的解决办法是请专业戏曲演员走进校园，但是，一方面能够走进校园的演员数量非常有限，另一方面，由于不熟悉初级教育、中等教育的特点，戏曲演员与普教阶段的孩子之间存在一定程度的沟通障碍。所以，目前能够落实《关于戏曲进校园的实施意见》提出的总目标的实施主体，依旧是在校的音乐、舞蹈、语文等学科教师。那么，当务之急就是为这些非戏曲表演专业的老师提供可上手的辅助教学用书，告诉他们为什么要教，教什么，怎么教；再配以高质量的教学课件，帮他们唱，替他们念，做各种身段示范，帮助这些老师快速成长，从而有效解决各地戏曲教学的师资问题，有效保证"戏曲进校园"的常态化、普及化、持久化发展。

"戏曲进校园"系列丛书包括《戏曲进校园》《京剧常识手册》《京剧欣赏》《名家讲中国戏曲》四本。这四本书之间相互关联、互为补充，由易到难，是一个有机的教学整体。

丛书以京剧为主要学习对象，在知识内容上涉及昆曲以及若干地方剧种。为了让大家能够更清楚地了解本丛书阶梯式的构架，以下将分别介绍四本书的目标定位。

"戏曲进校园"系列丛书（一）：《戏曲进校园》

本套丛书致力于中国戏曲艺术的"活态传承"。《戏曲进校园》这本书是戏曲"活态传承"理念的集中体现，也是本套丛书的基础。本书根据普教阶段学生的年龄特点和认知能力，精心选择难易适中、趣味性强、实践性强的经典剧目的经典片段作为教学内容，有以唱为主的，有以做工为主的，也有以简单打戏为主的；有单独角色的，有多个角色的，也有群体性表演的。既为孩子们走进戏曲之门提供了多样化的教学材料，也为满足校园集体展演活动需求提供了条件。

此外，戏曲艺术的"活态传承"不能仅仅局限于看懂戏曲和简单表演，实现教学翻转——让学生主动热情地走进戏曲，才能更好实现传承戏曲文化的教学目标。为此，本书特别设计了和语文学科相融合的"戏韵古诗词"章节，在小学必背古诗词中选取了19首经典作品，用戏曲念白的形式诵读出来。不仅如此，本书还加入了简单易学的戏曲广播操。这些都是孩子们够得着，学得会的实践活动。为了增加趣味性，本书还加入了众多戏曲冷知识，为教师的课堂问答提供有力的教辅材料。

不难看出，《戏曲进校园》为孩子们学习戏曲提供了多种教学形式，从某种程度上说《戏曲进校园》还是本套丛书的导引。书中所涉及的京剧常识，在《京剧常识手册》中会有所体现；书中讲到的经典剧目片段的整剧介绍也会出现在《京剧欣赏》中；对于这些剧目的深入阐述及点睛讲解则会呈现在《名家讲中国戏曲》这本书中。"戏曲进校园"系列丛书设计之初，四位编者就将其定位为"戏曲进校园"的教材和一线非专业教师教学的辅助用书。四本书相互交织、层层深入，是一个完整的教学体系，能够适应不同层次学校教师的使用需求。

"戏曲进校园"系列丛书（二）：《京剧常识手册》

《京剧常识手册》是一本实用的工具书，也是学生学习戏曲的第二步进阶。对于想亲身体验、实践戏曲表演的学生有很现实的指导意义。戏曲艺术博大精深，孩子们在实践的过程中一定会碰到很多专业问题。以《戏曲进校园》中的剧目为基础，《京剧常识手册》以现代穿越者的视角、通俗易懂的语言，介绍京剧中丰富的知识，为学生自主拓展学习提供立体、有趣的支持。

要特别介绍的是，我们在这套丛书每个章节的右上角，配有章节对应的教学视频或剧目片段的二维码，这样全方位立体的教学参考，让戏曲学习更加直观、便捷。

"戏曲进校园"系列丛书（三）：《京剧欣赏》

《京剧欣赏》是一本为学生深度学习而设计的大部头的图书。书中由古及今、由艺及人、由戏及生活对《戏曲进校园》中所提到的剧目进行了完整介绍，为老师和同学们提供了大量专业的京剧知识，深入阐述了中国戏曲高度虚拟化、程式化、写意性的艺术特征。

《京剧欣赏》对《戏曲进校园》推荐的八部整本大戏和十二本折子戏，做了系统全面的整理介绍，对每部戏的剧目来源、故事流变、情节结构、主题意蕴、人物塑造、舞台表演、行当角色及服化造型等，都做了细致准确的梳理，深入挖掘了这些经典剧目所弘扬的仁、义、礼、智、信等传统文化精神和理念。此外，还特别分析和鉴赏了精彩的名家名段，以期初学者能够全面理解京剧代表剧目的文学特色和艺术特色，感受传统国粹艺术的无穷魅力。同时，每个剧目还适当配有精美清晰的戏曲插图，以图释文，帮助学生直观理解某些抽象的戏曲概念和行业术语。

"戏曲进校园"系列丛书（四）：《名家讲中国戏曲》

《名家讲中国戏曲》是本套丛书的点睛之笔。刘志梅和马帅两位老师走访了十几位我国著名的戏曲表演艺术家、著名戏曲导演，荣幸地得到了李文敏、刘秀荣、王志怡、孙元意、刘长瑜、王晶华、李玉声、谯翠蓉、尚长荣、萧润德、杨少春、谢锐青、王梦云等艺术家的大力支持，艺术家们每一位都是国之瑰宝，有着深厚的艺术积淀，无论在戏曲表演传统的继承上，还是在对艺术精益求精的创造上，都具有丰厚的艺术经验。他们对作品做出了生动的解析，从作品的整体创造到主要角色的表演细节，引导读者一步步把握作品的精髓，为初学者深入了解戏曲表演的艺术魅力和艺术精神打开了光明之窗。

总而言之，"戏曲进校园"系列丛书以京剧表演教学为主体内容，以各种体验实践为基础形式，帮助学生认知戏曲舞台的魅力。通过《戏曲进校园》《京剧常识手册》《京剧鉴赏》《名家讲中国戏曲》带领学生一步一步登堂入室，感受中国传统戏曲的艺术精神和文化魅力，从而建立文化自信，真正实现中国戏曲的"活态传承"。

导 读

《戏曲进校园》分为鉴赏篇和实践篇，这本书可以作为"戏曲进校园"的教材来使用。读者年龄大致定位在九至十六岁，也就是小学中高年级到高一学段的学生。

鉴赏篇的第一章是以探秘为主的"你不知道的程式"，意在引起孩子们的兴趣，初步建立戏曲审美体系。

第二章是体现戏曲最初教化功能的"戏曲里的中华文化基石"。2014年10月15日，习近平总书记在主持召开文艺工作座谈会时指出："传承中华文化，绝不是简单复古，也不是盲目排外，而是古为今用、洋为中用，辩证取舍、推陈出新，摒弃消极因素，继承积极思想，'以古人之规矩，开自己之生面'，实现中华文化的创造性转化和创新性发展。"本章精心选择了多部经典传统剧目的经典片段，对"仁、义、礼、智、信"进行了全新的解读，用现代的目光诠释中华民族独特的思维方式、行为方式、审美品位、道德观念和艺术观。同时，这些经典片段，有丰富的视听教学资源支持，使老师能比较容易地带领孩子们唱起来、念起来、舞动起来，通过亲身体验走近戏曲表演，使戏曲之美无声地润泽学生们的感性体验，引导孩子们更细腻、深入地感受舞台上演员在举手投足、婉转唱腔中传达的美与情，为他们未来认识中国戏曲至简的程式智慧、诗情画意的神韵之美奠定感性基础。

传承，传、承。只有将传统戏曲的美学精神与现代视角相结合，才能"以古人之规矩，开自己之生面"，才能实现戏曲美学的"活态传承"。第三章安排了贴近年轻人的"古老戏曲的时尚变身"，将近年来与戏曲相关的多元创作的优秀艺术作品介绍给大家，引导学生充分尊重戏曲文化，从传承戏曲文化发展的实际出发，将继承与创新相结合，对戏曲元素进行适当的运用，以此更大地开拓学生的实践范畴，激发学生的创造力。中国人不仅爱美，也追求形之美、声之美、情之美、心灵之美，还积淀了众多实现视听美的技巧与方法。这些技巧和方法今天依然具有强大的生命力，能够为我们今天创造美提供有力的支持，学生通过自己的创造同样能够为中国之美注入新的活力。

第四章是"有趣的戏曲冷知识"。说是"冷知识"，其实更像趣味题库。老师可以根据各自的教学进度和内容，安排趣味问答，在轻松、活泼的形式中检验学生对戏曲知识的掌握情况。

实践篇中，我们选择了"四功""五法"中典型并且学得会的内容，为鉴赏篇中的剧目片段提供表演支撑。京剧艺术易学难工，对于实践这个环节，很多老师和学生的起点是一样的，畏难情绪不可避免。所以，和专业演员从小系统练功不同，本书更注重神韵的把握，以一点窥全身，在简单的唱腔和身段中，品味戏曲细腻之美、行当之美、程式之美。并且，实践篇中配有大量教学示范的图片，在章节的右上角还配有教学视频的二维码，即使老师无法现场做示范，同学们也可以根据视频进行学习。

总之，作为本套丛书的开篇，《戏曲进校园》着力为孩子们打开戏曲殿堂之门，为他们接下来的戏曲深度学习建立认知和情感上的基础。同时，本书更希望为孩子们种下戏曲艺术"活态传承"的种子，在积极实践中建立文化自信，坚定文化自信，让孩子们从小就能感受到那由文化自信而带来的更深沉、更持久的力量。

在这里要特别感谢中国戏曲学院的王志苹老师以及她的团队，为本书提供了他们制作的戏曲广播操全套的文字介绍、图片及视频。王志苹老师是中国戏曲学院教授、体育部主任，主要从事戏曲演员的运动损伤康复及科学训练方法等方向的研究，是北京体育大学高访学者，国家运动损伤康复中级培训师，瑜伽高级培训师。

目 录

鉴赏篇

第一章　你不知道的程式 ········· 002

一、趣谈行当 ········· 003

　　扇扇子 ········· 003

　　拉云手 ········· 004

　　上场走路 ········· 004

　　拿东西 ········· 005

二、魔力化妆 ········· 006

　　旦角的化妆 ········· 006

　　生行的化妆 ········· 010

　　净行的化妆 ········· 011

　　丑行的化妆 ········· 012

三、穿戴讲究 ········· 012

　　大衣箱 ········· 013

　　二衣箱 ········· 016

　　三衣箱 ········· 017

　　盔箱 ········· 018

四、百变砌末 ········· 020

　　一个道具一出戏 ········· 020

　　一个道具一场景 ········· 021

　　万能的一桌二椅 ········· 022

第二章　戏曲里的中华文化基石 ... 023

一、《杨门女将》之"探谷" ... 023

剧情简介 ... 023

名段欣赏 ... 024

剧本摘录 ... 026

京剧知识加油站 ... 036

传统文化串串串 ... 037

名家点睛 ... 038

小舞台 ... 039

二、《四郎探母》之"坐宫" ... 040

剧情简介 ... 040

名段欣赏 ... 040

剧本摘录 ... 043

京剧知识加油站 ... 062

传统文化串串串 ... 063

名家点睛 ... 063

小舞台 ... 064

三、《赤桑镇》 ... 065

剧情简介 ... 065

名段欣赏 ... 065

剧本摘录 ... 068

京剧知识加油站 ... 076

传统文化串串串 ... 077

名家点睛 ... 077

小舞台 ... 079

四、《锁麟囊》之"春秋亭" ... 081

剧情简介	081
名段欣赏	081
剧本摘录	084
京剧知识加油站	097
传统文化串串串	098
名家点睛	099
小舞台	100

五、《春草闯堂》之"行轿" 104

剧情简介	104
名段欣赏	104
剧本摘录	108
京剧知识加油站	120
传统文化串串串	121
名家点睛	122
小舞台	122

六、《闹天宫》 125

剧情简介	125
剧本摘录	125
京剧知识加油站	138
传统文化串串串	138
名家点睛	139
小舞台	140

七、《三岔口》 142

剧情简介	142
剧本摘录	142
京剧知识加油站	161

传统文化串串串 163
　　　名家点睛 164
　　　小舞台 164
　八、《空城计》 166
　　　剧情简介 166
　　　名段欣赏 166
　　　剧本摘录 168
　　　京剧知识加油站 185
　　　传统文化串串串 186
　　　名家点睛 186
　　　小舞台 187

第三章　古老戏曲的时尚变身 189
　一、戏曲与脱口秀 189
　二、戏曲与网红歌曲 190
　三、戏曲与说唱音乐 192
　四、戏曲与动画电影 193
　五、戏曲与化妆品 195
　六、戏曲与网络游戏 196
　七、戏曲与潮服 198
　八、戏曲与实验艺术 199

第四章　有趣的戏曲冷知识 201
　一、丑角才是戏曲的祖师爷 201
　二、"四大名旦"其实都是男的 202
　三、戏曲舞台上最早穿"高跟鞋"的是男孩子 203
　四、"吊毛"和毛没关系 204

五、"马前""马后"和马没啥关系 ········· 204

六、"倒仓"不是仓库倒了 ················· 204

七、"腰包"是裙子不是包 ················· 205

八、"揆头"不是扒拉脑袋，而是帽子掉了 ········· 206

九、"吃栗子""一道汤""一棵菜" ············· 207

十、"洒狗血"和"撒狗粮"可不是一个意思 ········· 207

十一、彩旦不是旦角，是丑角 ················· 207

十二、"嘎调"就是飙高音 ················· 208

十三、"富贵衣"其实满是补丁 ··············· 209

十四、厚底靴的底是用纸做的 ················· 210

十五、比心的手势是从京剧中来的 ············· 210

十六、压轴大戏其实是倒数第二个节目 ··········· 211

十七、"私房戏"其实是给主角量身打造的戏 ······· 212

十八、京剧中"跨性别"演出可不少 ············· 212

十九、京剧行话常识解释 ··················· 212

实践篇

第一章　如何唱出戏曲的味儿 ············· 216

一、念准十三辙 ························· 217

  1. 遥条辙 ······························ 218

  2. 发花辙 ······························ 218

  3. 梭波辙 ······························ 219

  4. 乜斜辙 ······························ 219

  5. 一七辙 ······························ 219

  6. 姑苏辙 ······························ 219

  7. 怀来辙 ······························ 219

  8. 灰堆辙 ······························ 219

9. 由求辙 ······ 220

　　10. 言前辙 ······ 220

　　11. 人辰辙 ······ 220

　　12. 江阳辙 ······ 220

　　13. 中东辙 ······ 220

二、认清上口字和尖团字 ······ 221

三、调好气息 ······ 228

　　1. 拖长音练习 ······ 229

　　2. 弧形气息练习 ······ 230

　　3. 一气多音练习 ······ 230

　　4. 一气一音多字练习 ······ 231

　　5. 断音练习 ······ 232

四、戏韵诗歌 ······ 232

第二章　如何做出戏曲的样儿 ······ 237

一、站有站相 ······ 237

　　1. 脚姿 ······ 238

　　2. 脚位 ······ 238

二、坐有坐相 ······ 242

　　1. 女性角色基本坐姿 ······ 243

　　2. 男性角色基本坐姿 ······ 243

　　3. 老生坐姿 ······ 243

　　4. 丑角、花旦坐姿 ······ 244

三、看有看法 ······ 244

　　1. 静态眼神训练 ······ 244

　　2. 动态眼神训练 ······ 245

　　3. 目光训练 ······ 247

第三章　戏曲广播操······248

一、基础形体动作······248

  1. 基本站姿与基本步法······248

  2. 基本手型与基本手法······249

二、手眼运动······255

  1. 动作讲解······255

  2. 教学重点及难点······258

三、肩部运动······259

  1. 动作讲解······259

  2. 教学重点及难点······263

四、胸部运动······263

  1. 动作讲解······263

  2. 教学重点及难点······267

五、腰部运动······267

  1. 动作讲解······267

  2. 教学重点及难点······270

六、腿部运动······271

  1. 动作讲解······271

  2. 教学重点及难点······274

七、伸展运动······275

  1. 动作讲解······275

  2. 教学重点及难点······277

八、平衡运动······278

  1. 动作讲解······278

  2. 教学重点及难点······280

九、跳跃运动······280

1. 动作讲解	280
2. 教学重点及难点	283

十、全身运动 　　283
　　1. 动作讲解 　　283
　　2. 教学重点及难点 　　286

十一、整理运动 　　287
　　1. 动作讲解 　　287
　　2. 教学重点及难点 　　289

伴读 　　290

鉴赏篇

JIAN SHANG PIAN

鉴赏篇

第一章　你不知道的程式

开篇我们要隆重地介绍一下京剧的"程式"。作为世界三大表演体系*之一的京剧艺术体系，程式是其独立于世界戏剧之林的重要标志。然而对于很多不懂戏的人来说，"程式"就是限制表演的陈规陋习。这里必须为"程式"鸣冤平反。其实，世界上的很多艺术都有程式。就像古典芭蕾，手位、脚位、体态、弹跳、旋转都有严格的规范；传统歌剧，咏叹调、宣叙调是唱段的必需样式；近景、中景、远景镜头不能随意剪切……这些都是规范，更是各种艺术重要的表演特征。芭蕾不立足尖就不是芭蕾，歌剧不用美声唱法就不叫歌剧，电影没有蒙太奇也就无法称之为电影，同样京剧无程式不能为京剧。

石老师京剧课堂开始上课啦！

石老师："孩子们，画重点啦！京剧的程式其实非常有意思！"

敬敬、辉辉和小帅，三个戏曲社团的好朋友，已经迫不及待想和石老师到后台去探秘了。

---

* 世界戏剧三大表演体系：指分别以斯坦尼斯拉夫斯基（Konstantin Stanislavsky，苏联戏剧家）、布莱希特（Bertolt Brecht，德国戏剧家）、梅兰芳为代表的三种表演体系。

一、趣谈行当

京剧的程式是在长期的舞台实践和纷繁的社会生活中高度提炼的规范的舞台表演语汇。可以说京剧舞台上的一切皆有程式，其中最大的程式就是行当了。京剧的行当其实就是角色的分类，生活中有男和女，京剧就有生行和旦行。其中，又有文、武、老、幼的区别，在生行中分小生、老生和武生，旦行中分闺门旦、花旦、花衫、青衣、老旦、武旦和刀马旦等等。生活中人的性格有粗犷豪放的，也有机灵滑稽的，京剧中的男性就在生行之外又分净行和丑行。这就是京剧的基本行当——生、旦、净、丑的生活来源。

你完全可以大胆地给生活中的人物设计一下行当，根据他们的年龄、性别、性格、职业等进行判断。首先判断一下，你自己适合哪个行当呢？

不同行当，在表现不同程式的时候也是千差万别的，下面举几个例子。

● **扇扇子**

扇子是京剧中最常用到的道具，然而不同行当扇扇子的方式有很大区别。通常文扇胸，武扇肚，小花脸扇屁股，旦角扇脸。

为什么会有这样的变化呢？结合一下生活中的人物特征，便不言自明了。京剧的行当是将生活中某一类人的共性特征高度提炼，艺术加工后呈现在舞台上的，是非常具有典型性的程式化的表演。

小生、老生　扇胸

武生、净 扇肚子　　　　　　　　旦 扇脸

● **拉云手**

同样一组拉云手的动作，不同行当也有各自特点：老生齐眉，旦角齐乳，花脸过顶，小生齐肩，武丑齐腹。

● **上场走路**

不要小看上场走路那几步，不同的行当也大有不同，举几个典型的例子：

老生　四方步，也称八字步，要求抬腿亮靴底，腰为中枢，四肢配合。中年要快抬慢落，老年要慢抬快落，既有生活依据，又有节奏感。

旦角　碎步，又称花梆子步。

花脸　大八字步和醉步。

丑角　小四方步、矮子步等。

● **拿东西**

拿东西的手势这种细节，不同行当也有区别吗？请你仔细分别旦角和武生手拿马鞭有什么不同。

女性用前三指（这里指主力手指）：

 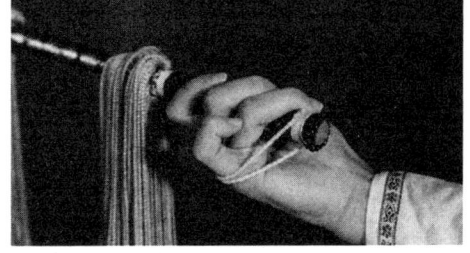

男性用后三指（这里指主力手指）：

石老师："以上四个例子都不难，你们也来对着镜子试一试吧。"

二、魔力化妆

化妆，就是装饰、变形、美化。说得再夸张一点，就是"修容大法"。京剧的化妆可以把瘦的变胖，胖的变瘦；男的变女，女的变男；少的变老，老的变少；丑的变美，美的变丑。是不是有种"大变活人"的感觉？欲知奥妙，我们后台走一圈。

三个孩子到后台探秘。化妆间门口，进去个硬朗的男人，出来一个美娇娘。三个孩子求教化妆老师："一个彪形大汉是怎么变成美艳小姐姐的？"

● **旦角的化妆**

京剧化妆的步骤和我们平时化妆是差不多的，但是过程中的讲究可多了。

首先，化面妆。

步骤一：基础润肤。京剧演员在上底彩之前要抹一层润肤油。重点来了，这个润肤油啊，越油润越好。你没看错，就是越油越好！越油，起到的隔离作用就越好，也就可以最大限度减少油彩对皮肤的伤害。（如果去拍戏曲艺术照，记得自己带一瓶油润的润肤油啊！）

步骤二：打底彩。用白色的油彩铺上第一层。京剧化妆为什么不能用普通的化妆品呢？因为京剧演员从上妆到演出结束，妆面至少要保持五个小时，普通的化妆品很容易晕妆，只

化妆 1

化妆 2

有传统的油彩才能始终鲜亮地保持这么长时间。

步骤三：打腮红。京剧演员的腮红可有意思了，不是打在腮上，而是从眼眉就开始一直往下打，从眉骨内侧斜着直到发际，还要打出渐变的感觉。

化妆 3

步骤四：定妆。京剧的定妆过程被京剧表演艺术家王珮瑜戏称是"360°烘焙式定妆法"，因为京剧化妆需要打上厚厚的定妆粉。不同行当选用的定妆粉的颜色也不同，需要根据底彩的颜色进行搭配。青衣、花旦、闺门旦等年轻女性的角色会选择嫩肉色的定妆粉，老生、老旦的定妆粉颜色则会深一些。

化妆 4

京剧过去是没有定妆这个步骤的，直到1913年梅兰芳先生到上海演出，受当时海派化妆的启示，才在京剧中加入了定妆这个步骤。自此京剧化妆就统一用油彩打底、粉彩定妆，沿用至今。

步骤五：画五官。根据角色的需要画出能够表达人物特征的眼形、眉毛、嘴唇。值得注意的是，戏曲化妆最大的特点就是夸张，无论是色彩的明艳，还是线条的粗细、长短，都比生活中来得浓重。这和很多舞台艺术一样，要想让最后一排的观众都能清晰地看到角色的五官和表情，化妆就得夸张、清晰。

化妆 5

到此，一个"标准"的京剧旦角面妆就化好了。

接下来就是漂亮的发式了，发式就是头发的样式，京剧各行当的发式有很多种，如甩发、发髻、鬏鬆、蓬头、孩儿发等。每个行当的发式都有一定的规范，其中，旦角的发式最讲究。

步骤一：勒头。勒头的最大作用是把眼眉吊起来，人瞬间就精神了很多。勒头可不是个舒服的活儿，当你听到绳子"嘎嘎嘎"勒紧的声音时，整个头皮都被绷紧。长时间眼眉被这么吊着，再戴上重重的盔头，初次尝试的人可能不要多久就会头晕、恶心甚至呕吐了。

化妆 6

步骤二：贴片子。这可是京剧化妆"修容大法"最重要的一步。"片子"是京剧舞台上旦角修饰脸型的假发，都是用真头发制作。每次使用前，做好的片子要在刨花水里浸泡一两个小时，再一条一条地贴在演员的前额和两鬓。以前旦角都是由男性扮演的，男性的脸比女性宽大很多，不够柔美，聪明的老先生们就发明了片子。早期的片子并没有现在这么好看，大家可以看看"同光十三绝"的画像。

化妆7

《同光十三绝》　　　　　　　　　　　　　　　　　　　沈蓉圃　作

以前的片子仅仅是模仿当时女性的发式，所以片子贴出来脸是方的。后来梅兰芳先生改良了片子的贴法，将两鬓的片子（也叫"大柳"）做了调整。方脸的人把片子贴得弯一点，脸就变小巧、圆润了；长脸的人把片子贴得窄一点，下部向内弯得早一点，脸就变短了。这就像我们现在化妆打阴影一样，从视觉上把演员的脸变得更漂亮。

"刨花水"是一样神奇的东西，是将榆木的刨花泡水制作而成的。民国时期，曾经有人想用西洋的发乳、发油、发胶等化学制品代替它，后来发现都不如刨花水的效果好，而且刨花水天然无毒、绿色环保，是真正的美发神器。据说清代后妃们就用蘸了刨花水或头油的抿子抿头，头发乌黑有光泽，非常健康。

步骤三：戴假发。戴线尾（yǐ）子，就是将假发披在身后；勒网子，系大簪，梳大头，就是戴头上的发髻；最后包水纱。戴假发可以让头部造型更加立体，同时，戴好假发才能戴各种美丽的头饰。京剧旦角有大头、古装头、旗头等不同发式。

化妆8

步骤四：戴头面。旦角头上的各种饰品统称为"头面"，戴头面是旦角化妆的最后一步。京剧的"头面"可有讲究，头面的选择要符合人物的年龄、社会地位、生活处境等等。头面一般分成三种材质：点翠头面、水钻头面和银锭头面。一般剧中贵族家的太太、小姐才可以戴点翠头面；相对比较富裕的小康之家的女性角色戴水钻头面；寡妇、家庭贫困的或犯了罪的女性角色戴银锭头面。

化妆 9

插完头面后京剧的化妆就结束了。京剧的化妆真是 360° 无死角，正面、侧面、背面都好看。

化妆 10

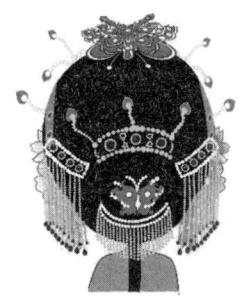

化妆 11

小姑娘们看着亮闪闪的头面，两眼放光。小帅则被一旁的小生演员吸引了。

● 生行的化妆

生行的化妆相比旦角来说就简单多了，基本的步骤是差不多的，只是部分妆容有所区别。

如《红娘》中的张君瑞属于少年风流人物，化妆时两眉之间要画一个过桥，也就是圆弧形的红晕。（如化妆12）

《长坂坡》中的赵子龙从眉心到脑门儿要画一个淡色的枪尖儿，这是小生中展现人物英武的妆容。（如化妆13）

化妆12　　　　　化妆13

生行的眉毛可是"斜飞入鬓"的，相当帅气。小生需要涂嘴，老生因为要戴髯口，画好眉眼就可以啦！（如化妆14）

最后，勒头、吊眉、包水纱，大功告成！（如化妆15）

化妆14　　　　　化妆15

几个花脸演员从跟前走过，孩子们不自觉地就跟着跑过去看。

● **净行的化妆**

京剧中除了生、旦的俊扮，还有净角和丑角的脸谱。梨园行有句行话叫"戏班儿里的笔是春秋笔"，演员用彩笔化妆，是要寓褒贬、别善恶的。图案化的脸谱塑造了很多深入人心的人物形象，只要他们一上场，几乎不用介绍，观众便能把他们识别出来。

包拯

项羽

宴尔敦

曹操

孩子们满脸疑惑："脸谱每次都要画，好麻烦啊！为什么不直接戴个面具呢？"

京剧脸谱的原型就是面具。这里不得不提到中国历史上著名的美男子——北齐的兰陵王。《北齐书》上说他"貌柔心壮，音容兼美"，《旧唐书·音乐志》上说他"才武而面美"，《隋唐嘉话》上说他长得像美妇人一样……总之是太俊俏了，所以每每出战，兰陵王都要戴上凶狠的面具以震慑敌人。唐代，有人为了歌颂兰陵王，创作了歌舞《兰陵王入阵曲》，扮演兰陵王的演员要戴着面具表演，自此戏曲行业有了"涂面"的意识，画在脸上的脸谱就慢慢形成了。

敬敬想着兰陵王到底有多么俊美,小帅说:"老师你还是没说为什么要画脸谱啊!"

京剧艺术讲究神形兼备。脸谱是"活"的,面具是"死"的,脸谱随着演员神态的变化而变化,浑然一体,呈现出更加生动的面貌,也就更容易打动观众。

● **丑行的化妆**

丑行角色也是要勾脸的,但是不比净角勾大脸,只是在鼻颊之间用白粉勾"豆腐块""腰子""枣核""蝙蝠""风筝"等图案。

两个姑娘想象着把小帅脸上分别画上"豆腐块""腰子""枣核""蝙蝠""风筝"的样子,笑得前仰后合。

三、穿戴讲究

京剧舞台上的穿戴统称"行头"。京剧的行头主要是在明朝服饰的基础上艺术化而来,也有部分清代的服饰。京剧的行头讲究可多了,梨园行有句行话叫"宁穿破,不穿错"。什么角色、什么场合穿着什么样的服装,有着严格的程式。

三个淘气包在后台探秘,发现了几个大箱子,上面写着"衣""盔""杂""把"。

石老师:"我们就先来讲讲这前两个箱子吧。"

"衣箱"是专门存放戏衣的箱子,可细分为"大衣箱""二衣箱""三衣箱"。

● 大衣箱

大衣箱里放的服装大都是文职官员及老爷太太、少爷小姐、丫鬟仆人等角色的服装。例如:

蟒袍

蟒袍是戏曲舞台上帝王、官员等角色在正式场合穿着的服装。齐肩圆领,大襟(右衽),阔袖(带水袖),袍长及足,袖裉下有"摆衩子",周身以金或银线及彩色绒线刺绣纹样。女式蟒与男式蟒大致相同。

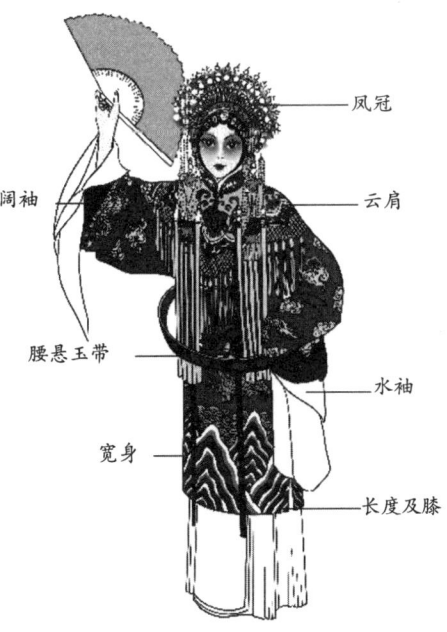

官衣

官衣顾名思义，是文武官员的官服。京剧中的官衣，圆领，大襟，大袖长及足，其形制与蟒大致相同，但无满身纹绣，用素色缎料制成，有紫、红、蓝、黑等色。装扮时腰间悬挂玉带，胸前与后背各缀一块方形"补子"，上面绣飞禽及旭日海水。黑色无补子，称"素服"。

学士衣

学士衣属于官员、学士的常礼服，是在官衣基础上演变而成的。身后仍有"摆"，但不挂玉带，改系软带，软带正中垂两条飘带。"补子"以团形图案取代，边沿绣有纹样进行局部装饰。头戴学士巾。

帔

帔是帝王将相、豪绅家居时的便服。对襟，半长大领，阔袖（带水袖）。比起蟒来，它突破了"全封闭式"的服装造型，以"对襟"造成自由开合的宽松感，向下的线条给观众以流畅修长的美感。

褶子

在京剧舞台上几乎无人不穿褶子，它是京剧舞台上用途最广、装扮形式最多、最为常见的袍服类服装，分男褶子和女褶子两类。褶子和从前人们穿的长衫类似，特别肥大，男性和尚领，女性对襟领，袖子尤其阔。旦行的褶子为对襟，略短。褶子如绣有飞鸟、蝴蝶、花卉等图案的，称为花褶子；没有刺绣的称为素褶子。黑色女褶子又叫"青衣"，旦行中的青衣就是这么得名的。穿青衣的女性正派端庄，大多命运比较坎坷，或生活贫寒，比如《武家坡》里的王宝钏。

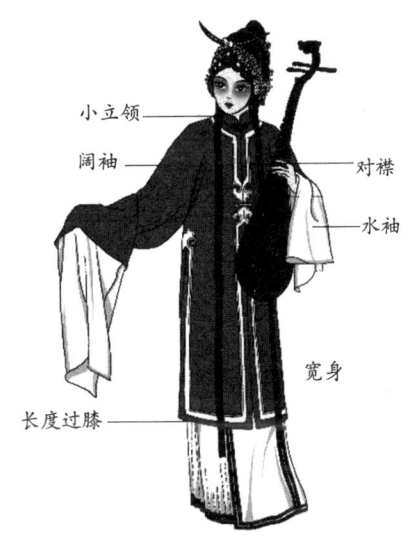

宫装

宫装也称"宫衣"，属于女用常礼服。常见于皇室或贵族女性在比较随便、闲适的场合穿着。宫装虽然极为华丽，但规格低于女蟒，不能用于庄严隆重的场合。

古装

1915年由梅兰芳始创。先在《嫦娥奔月》等神话戏中进行尝试，后扩大运用于红楼戏及其他新戏中，塑造了嫦娥、林黛玉、洛神、西施等一系列艺术形象。这类服装，是以古仕女画和雕塑为参考，结合歌舞表演的需要设计、制作的。

● 二衣箱

二衣箱里放的是和"武"有关的服装。例如：

靠

靠（含男靠、女靠）又叫长靠、大靠，是舞台上的铠甲，骑马打仗全副武装时必须穿的。靠由很多片绣有图案的缎料缝合而成，穿着时一定要把前后片、身后的"背虎"以及靠旗用绳线系牢，所以穿靠又叫"扎靠"。靠看起来很厚重，其实十分灵活，演员穿着后也可以翻腾跳跃，武打起来没有丝毫不便。

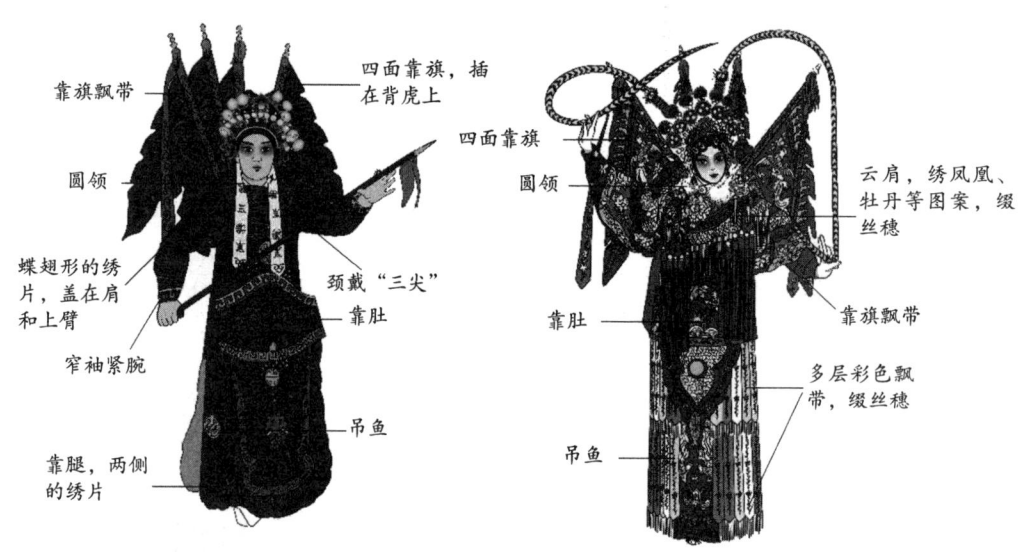

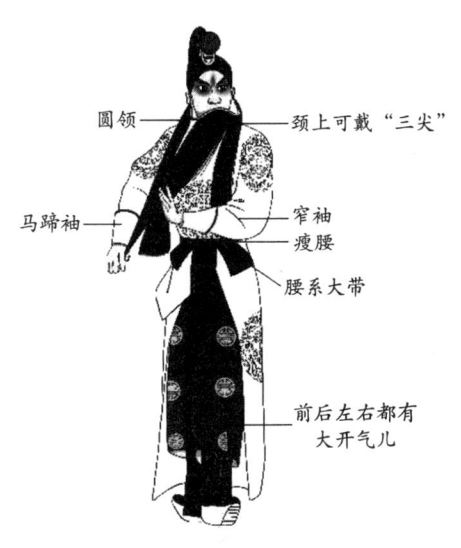

箭衣

与其他戏曲服饰受明代服装影响不同，箭衣（含龙箭衣、花箭衣、素箭衣、布箭衣等）受清代服装影响，最典型的特点就是袖口有"马蹄盖"。它是男子骑马、赶路、打猎、办案，还有武将被俘去掉长靠后穿的一种服装，有点类似于现在的户外运动装，但更精致好看一些。

马褂

马褂（含龙马褂、黄素缎马褂、铲子马褂等）是在清代服装的基础上演变而来的，一般是行路的王侯、武将等穿的服装。

● 三衣箱

三衣箱里主要放置内衣、靴鞋软硬两类，俗称"靴箱"。例如：

水衣子

水衣子是演员穿在最里面的衬衣，避免演员出汗过多而弄脏戏装。

胖袄

胖袄是一种棉质马甲。有的武生或者刀马旦演员身材并不魁梧，穿上胖袄可以弥补演员体形上的不足。

水衣子

胖袄

护领

戏曲服装的辅助物。由白布缝制而成，置于颈间，作遮护颈部之用。

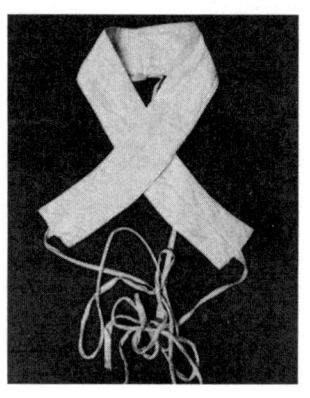

护领

厚底靴

黑缎面，白厚底，多为男性角色穿。

彩鞋

女性通用的鞋。

● **盔箱**

盔箱是放置男、女盔头的箱子，这里面的宝贝可多了。盔头分为冠、帽、盔、巾四类。例如：

紫金冠

太监帽

八面威

荷叶巾

孩子们看见服装老师正在往衣服上喷东西，非常好奇。

石老师："告诉你们一个秘密，京剧的服装都是不洗的哦！"有洁癖的辉辉一屁股坐在地上："那岂不是很脏啊！"

京剧的服装非常昂贵讲究，很多都是真丝刺绣、缝珠的，十分娇气，就像许多奢侈品牌的高端服装一样，不能洗。我们的京剧戏服做工比那些奢侈品牌的服装还要考究，工序繁琐，用料精良，一件戏服就是一件艺术品。那么，如果弄脏了怎么办呢？传统的办法就是用酒精稀释后喷在上面，既可以化解一些污渍，也可以杀菌。

石老师又在敲黑板：

1. 京剧舞台上的服装通过色彩、质地、款式暗示季节。

2. 京剧舞台上的历史人物在穿着上没有明显的朝代区别，只是在表现少数民族时统一都穿清装。

四、百变砌末

道具是戏曲艺术不可缺少的一部分，有资料显示，最晚在元代道具就被称为"砌末"，又称"切末"或者"且末"。砌末与剧情的发展密切相关，对塑造人物有着重要的作用。在几千年戏曲艺术的发展中，戏曲道具形成了自身严格的程式。

孩子们在后台又发现了几个箱子，打开一看，竟然是各种道具。

石老师："这些道具在京剧中称为'砌末'。""什么？芥末！"小帅一脸蒙圈地抬头。石老师不禁失笑："不是芥末，是'砌末'！"

为什么说砌末百变呢？是因为配合着演员的虚拟表演，观众可以把这些道具想象成不同的东西。

石老师敲黑板："你们看到的只是砌末的一部分，砌末包括刀枪把子，手执道具，景物道具，还包括生活中所有器具，以及因剧情需要而专门制作的、适应不同场景的桌椅摆设等等。"

● **一个道具一出戏**

京剧中很多剧目都是以道具的名字命名的，如《荆钗记》《桃花扇》《拾玉镯》《锁麟囊》《铁弓缘》。道具与剧情关系密切，贯穿全剧，推动情节的发展，是全剧的核心。

《锁麟囊》剧照与道具锁麟囊　　《铁弓缘》剧照与道具铁弓　　《拾玉镯》剧照与道具玉镯

● 一个道具一场景

京剧舞台上的道具可是有空间变化的神通的。挂上酒帘，舞台就变成酒家；摆上织布机，就变成了织布的机房；摆放木鱼或钟磬就变成了寺庙；摆上笔墨纸砚就变成了书房；摆放印信及惊堂木又变成了官衙。

《三娘教子》剧照

《三堂会审》剧照

当然，砌末本身并不能体现环境，必须结合演员的虚拟表演，这样观众才能在脑海中想象出各种场景。比如《辕门斩子》中的大帐，如果没有四龙套和焦、孟二将站在门口，以及后来杨延昭从出场亮相再回到座上念定场诗，再漂亮、再巨大的道具也无法显示它就是元帅的中军帐。《挑滑车》中的山片，如果没有金人从山上滚下的铁滑车，任其造型再庞大也无法说明这是一座很险峻的山。

《挑滑车》剧照

又如最典型的马鞭。一根马鞭，通过演员上马、下马、趟马、策马、勒马、系马等许多动作的表演，让观众不仅看到了马，还能领会到坦途、险路、泥泞等道路环境。

《截江夺斗》剧照

● 万能的一桌二椅

一桌二椅通过不同的摆放方式可以表现环境为内室或是大厅，又或是船舱等，也可以通过虚拟表演表现登高、过桥甚至腾云驾雾等动作。在《三岔口》剧中，任堂惠躺在桌上，桌子就变成了床。

《三岔口》剧照

小帅煞有介事地说："哦，我知道了。京剧中的道具招之即来，挥之即去，不形成舞台的固定形象，所以才能有时空变幻的效果。"石老师和女孩们为他点赞。

第二章 戏曲里的中华文化基石

中国传统文化几千年传承下来是分层次的。以经、史、子、集为对象,以琴棋书画为形式。以读书人(古代文人)为传承主体的,属于雅文化;而以小说、戏曲、说唱等为对象,以广大人民群众(多数为不识字的百姓)为传承主体的就属于俗文化。然而无论是"雅文化"还是"俗文化",其共同承载的都是中华民族的民族性格、价值观和审美追求。京剧艺术海纳百川,它用老百姓最为喜闻乐见、通俗易懂的形式,讲述圣人的道理,在一个个人物身上展现仁、义、礼、智、信等精神品质,在跌宕起伏的故事中教化人心。《杨门女将》中杨家一门忠烈忠心报国,大仁大爱;《赤桑镇》中包拯公正无私,凛然执法;《锁麟囊》中湘灵赠囊,心存仁爱;《坐宫》中铁镜公主有情有义,杨四郎信守诺言;《空城计》中诸葛亮临危不乱,大智大勇。戏中有家国天下,也有纲常伦理,能够流传并保留至今的,都是文化经典。

一、《杨门女将》之"探谷"

● 剧情简介

杨宗保抗敌深入绝谷,不幸中箭阵亡。佘老太君忍痛率杨门女将再次披挂出征。二次来到葫芦谷,穆桂英推测,当年杨宗保夜探葫芦谷定有缘故,想必是有栈道。于是穆桂英带领杨七娘杜金娥和儿子杨文广等一众人马,夜探深谷,寻找栈道,欲偷渡天险,奇袭敌营。一路艰险难行,识途老马在一处绝地停步不前,众人寻得当年为杨宗保引路的采药老人。老人起初还装傻、装哑，当得知是杨夫人到此后感慨万分。在老人的指引下，穆桂英等人攀上栈道，直捣敌营。

● 名段欣赏

风萧萧雾漫漫

1=D

唱【高拨子导板】

【大锣导板头】（廿 06 56 32 56 76 i2 32ⱽ55 55 55 55 55

3.2 i.ⱽ 7̇6 5632 5.676 i ii ii）3̇ 3̇2̇2̇ i.（6 5.6

风　萧　萧，

76 i ii）5 6̇5̇5̇5̇3 — （3.2 1 1.2 3

雾　漫　漫，

33）2̇2̇ i0 3̇2̇ — i3̇ — 5̇3̇3̇ 3̇2̇ i i i 3̇2̇ —‖

星光 惨　淡。

〔【急急风】四兵士、张彪翻跟斗上，动作。引穆桂英、杨七娘、杨文广上，亮相。

¼【回龙】（6 5 6）| 3̇3̇2̇i | i̇2̇i65 | ii5 | 6.0 |

〔张彪、穆桂英、杨文广（左）、　人呐　　喊，　胡笳　喧，
杨七娘（右）上，三人成左斜
"三丁"画面，亮相。

山鸣谷动，杀声震天，一路行来天色晚，　　　不觉得月上东山。

● **剧本摘录**

〔杨文广上场至台中亮相，后退，"反圆场"，至左侧台口，抱马鞭"大刀花"，翻身，踢左腿踏步勒马相。

〔起身，向上场门方向，鞭枪相绕，交替踢腿，走至"九龙口"位置，再"反圆场"至左侧台口，反"云手"右转，接"左平转""跺泥"勒马。

〔然后，"倒腿翻身蹦子"，弓右腿勒马，起身，绕枪"云手"，左平转接前"弓步"相。

〔起身,右后转身,抱马鞭,平抬枪,提左腿,"转灯"(左转),腿落地,翻身,踢右腿"落叉"。加鞭"起叉",抱马鞭亮相,再次鞭马,但马长嘶不前。穆桂英、杨七娘、张彪、四兵士上场门追上。

杨七娘 (白)文广,你别打它呀!

杨文广 (白)好怪的畜生,刚才勒马勒不住,这会儿打它都不走。

穆桂英 (白)【嘟……仓】莫非老马识途,已是栈道不成?张彪!【仓】前去看来!

张　彪 (白)是!【冲头】(一望)前面无路!【冲头】(再望)绝壁难攀!

【叫头】夫人!野雾茫茫,难以辨认。

〔张彪应声,随【冲头】锣鼓"云手"走向下场门一望,再反"云手"走回原位向外一望。四兵士后区成一斜排,先向下场门一望,再回身向左侧前方一望,然后回至上场位置。

穆桂英 (白)当日元帅怎样寻得栈道的?

张　　彪　（白）当日元帅也在此处迷路，正在为难之际，有一老丈采药归来，问明路径，方才寻得栈道。【仓】

穆 桂 英　（白）那老丈今在哪里？

张　　彪　（白）是他言道，深山野洞，到处是家。【丝边一击】

穆 桂 英　（白）当日在此相遇，今日或得重逢。大家分头寻访，再作道理。

众　　人　（白）是。【冲头】

〔杨七娘、杨文广、张彪、众兵士分下。

【冲头】众兵士内声："老丈！"【冲头】"老丈！"【嘟……八大仓】

〔穆桂英回身走向中后区，将枪和马鞭放置地上，掏双翎，"反圆场"走至上场门处一望。【冲头】锣鼓中再回走至右前台口处一望，然后放开翎子，做摊开双手动作。

杨 七 娘　（内喊）咳！老头你别跑啊！文广，拦住他！

〔【急急风】采药老人上，杨文广、杨七娘等追上。采药老人被杨文广截堵，返身欲跑，又被杨七娘拦住。采药老人跌倒，穆桂英趋前扶起。

穆 桂 英　（白）老丈快快请起！【住头】啊，这一老丈，你可曾与宋军指引过道路么？【小锣一击】

杨 七 娘　（白）（大声）咳！老头，问你话呢！

〔采药老人指指耳朵，指指嘴，意谓哑口。

杨 文 广　（白）唉！他是个哑巴！

穆 桂 英　（白）（失望）这……

张 　 彪　（内喊）走！【冲头】上。

〔采药老人上场门上，走向台右，被杨文广拦住，采药老人又回身走向台左，又被杨七娘拦住。再回身时跌倒，穆桂英和杨文广将其扶起。

〔四兵士两边上，分别手持杨七娘、杨文广的枪。

〔张彪上场门上。走到采药老人身边辨认后居右侧,向穆桂英回话。

张　　彪　(白)参见夫人!

穆 桂 英　(白)张彪!你前去看来,这一老丈可是元帅引路之人?

张　　彪　(白)是。【丝边一击】好像是他。

〔张彪在【凤点头】锣鼓中从穆桂英身后再走回左侧位置。

穆 桂 英　(白)他可是哑口无言?

张　　彪　(白)耳朵有点儿聋,他不哑呀!

杨 七 娘　(白)哈哈!【仓】你这个老头竟敢装哑巴!

〔杨七娘要动手,被穆桂英拦住。

穆 桂 英　【凤点头】【二黄散板】

　　(唱)七婶母且耐心我再把话论。【行弦】

　　　　　　　老丈！不必害怕，我等并非旁人，乃是宋军前来寻找栈道的。

　　　〔采药老人摇头。

张　　彪（白）夫人！他耳朵有点儿背，您高声些！
穆 桂 英（白）哦，老丈啊！（【凤点头】接唱）
　　　　　　　俺本是杨家将。
采药老人（不觉失声）哦！【仓】
穆 桂 英（接唱）你何必心惊！
采药老人（笑）哈哈哈……
杨 七 娘（白）哑巴说话啦！
杨 文 广（白）

　　　〔众人惊喜。

采药老人【凤点头】【二黄散板】
　　　（唱）贼兵到此我不出声，【仓】
　　　　　　杨家将进山亲又亲。【仓】
　　　　　　我装聋作哑太不恭敬！【行弦】
张　　彪（白）老伯伯，您还认得我吗？
采药老人（白）（近前，拭眼）好像见过。（指穆桂英）这位将军是……
张　　彪（白）这是杨元帅的夫人到了！

　　　〔张彪再次走到采药老人身边询问，说完"这是杨元帅的夫人到了"
　　　之后，在采药老人开唱前的【凤点头】中再回到左侧原来的位置。

采药老人（白）哦，夫人！

采药老人【凤点头】

（唱）休怪我看不出你是大破天门的穆桂英！

穆 桂 英（白）老丈啊！（接唱）入绝谷寻栈道望再指引！【行弦】

采药老人（白）那个自然，那个自然。那杨元帅呢？

穆 桂 英（白）元帅他么……（【凤点头】接唱）可叹他中贼箭为国捐生！

采药老人【二黄原板】

（唱）听说是杨元帅为国丧命，

不由得年迈人珠泪淋淋。【仓】

杨家将保社稷忠心耿耿，

数十载，东西征，南北战，立下了汗马功劳，

老汉我听得明来记得清。

夫人你继夫志再探绝岭，

我也要表一表报国之心。

抖一抖老精神我忙把（【顷仓】叫散）路引——

走！【急急风】

〔采药老人前引，穆桂英、杨七娘、杨文广、张彪（拾起穆桂英放在地上的枪、马鞭），四兵士"插门"紧随其后，"圆场"。

〔当采药老人行至左侧台口时,变斜横线行进,穆桂英、杨七娘、杨文广跟随。

〔至张彪处则断开,领四兵士成后一斜排。采药老人一队走至舞台右侧再折回。

采药老人(白)(指远处)这就是栈道!

〔随【凤点头】锣鼓,采药老人与穆桂英互换位置,杨七娘随杨文广掏双翎左后翻,与穆桂英站成"三丁"造型。后排张彪与四兵士随【凤点头】锣鼓原地右后转身亮相。

采药老人【凤点头】【二黄散板】

(唱)悬崖上有栈道直捣贼营!【冲头】

〔随【冲头】锣鼓,全场扯成正场。

穆 桂 英(念)军士们!【五击头】

且喜寻得栈道,

何愁大功不成!【小锣二三锣】

登悬崖,

下绝岭!【大锣二三锣】

备火种，

焚敌营！【大锣二三锣】

胜似邓艾渡阴平！

〔【垛头】众亮相。

穆桂英台词与动作调度提示：

"且喜寻得栈道"——左"穿手"侧指；

"何愁大功不成"——反"云手"右转身；

【小锣二三锣】——上步"拉山膀"；

"登悬崖，下绝岭"——掏双翎下蹲；

"备火种，焚敌营"——持双翎缓手侧指；

【大锣二三锣】——绕翎，放开翎，撤步；张彪与兵1、兵2快步"合龙口"带马。

"胜似邓艾渡阴平"——穆桂英边念词边与杨七娘、杨文广接枪和马鞭做上马动作。（接枪、马鞭，认镫，翻身，横枪勒马一系列动作在【垛头】锣鼓中完成。）

〔【急急风】张彪带完马抄到穆桂英左后侧，兵1、兵2赶到后排与兵3、兵4成一列亮相。一齐下场门下。

● **京剧知识加油站**

1. 《探谷》中涉及的行当

刀马旦：英武善战的女将令角色。因武艺高强，唱、念、做、打并重，故名"刀马旦"。

穆桂英

杨七娘

做工老生：也叫衰派老生，是以表演（唱念做兼而有之）为主的一种行当。这类老生专门扮演年老体弱、戴髯口（胡子）的角色，所以叫作衰派。

采药老人

武丑：又称"开口跳"。多扮演武功不凡、机警幽默的侠客义士。不光武功精湛，而且善于念白。这里的张彪是一个英武的正面人物，所以武丑俊扮，脸上没有"豆腐块"，化妆上更像武生。

娃娃生：戏中专门扮演儿童的角色。这里的杨文广是由武旦或者花旦演员反串的。

张彪

杨文广

2. 京剧中战马的嘶鸣

在京剧乐队中，唢呐的用途相当广泛，既能吹奏唱腔曲牌，也能为演员舞台调度、场景转换渲染氛围，还可用唢呐奏出马嘶、鸟叫、鸡鸣等音乐效果。

3. 高拨子

高拨子，是一种戏曲腔调，源自徽调中的拨子腔，明末清初时由南来的西秦腔和当时安徽流行的昆弋腔等腔调融合演变而成。高拨子主要继承了梆子腔高亢激越的特点，但旋律情调则显得高亢中带有悲愤，激越中带有苍凉，和梆子腔有所不同，显然受了徽调中其他南方腔调的影响。《杨门女将》中"风萧萧雾漫漫"，《野猪林》中"一路上无情棍实难再忍"都是高拨子的著名唱段。

● **传统文化串串串**

相信大家对杨家将的故事都不陌生。杨家将是以北宋的杨继业、杨延昭和杨文广三代人戍守北疆、精忠报国、抗辽和征西夏的人物事迹为原型和蓝本创作的。自南宋起，各种有关杨家将的民间表演艺术层出不穷，唱曲、说书、皮影、戏曲等等，种类繁多，内容丰富。

京剧《杨门女将》是根据扬剧《百岁挂帅》的故事改编创作的。扬剧，顾名思义就是流行于扬州地区的戏曲。其实，几乎所有你能想得到的地方戏曲都有关于杨家将的剧目，例如：豫剧、越剧有《穆桂英挂帅》，秦腔有《斩六郎》，同州梆子有《辕门斩子》，汉剧有《昭代箫韶》，河北梆子有《破洪州》，等等。杨家将题材如此受观众喜爱，原因很简单——中国艺术的优秀传统并非追求单纯的艺术欣赏，艺术价值总是和人物形象身上承载的精神、情怀、性格、命运等紧密关联的。杨家将一家尽管屡受奸佞迫害、朝廷冷落，但从杨继业、佘太君到杨文广、杨金花，四代人身上始终保有家国情怀与忠勇本色，体现了中华民族的国家观、民族观、历史观、文化观、英雄观。因此杨家将也成为历史题材中最具生命力、影响力的形象之一，至今活跃于各种舞台。

● **名家点睛**

马帅：国家一级演员，中国戏曲学院京剧系教师，曾为中国京剧院著名京剧演员。代表剧目《杨门女将》《白蛇传》《战洪州》《杜鹃山》，新编戏《泸水彝山》《秋瑾》等。师承赵玉霞、张正芳、张逸娟、艾美君、沈世华、赵德勋、刘长瑜、宋丹菊、陈国维、谢锐青、柯茵婴、张春秋、杨秋玲、杨春霞、刘秀荣、李金鸿、李慧芳等，是刘秀荣先生的入室弟子。

《探谷》这折戏，展现了京剧载歌载舞的特点。穆桂英不仅有大段的高拨子唱腔，还有繁重的身段表演，更有扎大靠的站翻身、鹞子翻身、小步圆场等高难度技巧，以表现披荆斩棘、跨越激流、飞越断涧的情景，极具艺术观赏价值。当然，这出戏的看点绝不仅仅局限在穆桂英身上，每个人物都有可圈可点的地方。

杨文广的角色行当虽然是娃娃生，但是多由武旦反串。所以他的身上也是有功夫的,"惊马"那段有很多勒马、上马、惊马、压马的动作,都是繁重的武工动作,演员的表演行云流水,甚是好看。

四个小马童的表演贵在齐整,小到手势、眼神,大到不同的"跟斗",所有动作不仅干净利落,而且都在同一意境之中,颇为默契。

还有很多表演细节等待你去捕捉和细细品味!

● 小舞台

请你读一读这两段锣鼓经。

大锣一击: 大 大　大 大　衣 大　大　仓 ‖

小锣一击: 大 大　大 大　衣 大　大　台 ‖

声音解释:

大——板鼓右手单击槌

仓——大锣单击

台——小锣单击

衣——休止或轻击

二、《四郎探母》之"坐宫"

● 剧情简介

《四郎探母》是一部以杨家将故事为蓝本的作品。金沙滩一战杨家将伤亡惨重，杨延辉被擒，后化名木易，与铁镜公主成婚。十五年后，辽邦大将萧天佐摆天门阵，佘太君亲征。杨延辉思母，被铁镜公主看破，便以实情相告。铁镜公主计盗令箭，助其出关，私回宋营，母子兄弟相会。杨延辉牵挂铁镜公主与其孩儿，复回辽邦，被萧后得知，欲斩，铁镜公主设计相救，杨延辉最终被赦免。

● 名段欣赏

听他言

1＝G
（唱【西皮流水】） $\frac{1}{4}$

（曲谱）

听他言吓得我浑身是汗，十五载到今日才吐

（接唱【西皮快板】）$\frac{1}{4}$（过门略）

（渐慢）

知者不怪罪你的海量放宽。

杨延辉 公主啊！

【闪锤】（接唱【西皮快板】）$\frac{1}{4}$（过门略）

我和你好夫妻恩德不浅，

贤公主又何必过于谦言，

杨延辉有一日愁眉得展，

也不忘贤公主恩重如山。

铁镜公主（接唱）

说什么夫妻情恩德不浅，

```
i  | 3 6 | 5 | 0 3 3 i | 6 5 | i 5 | 6 i | 5 |
咱   与 你   隔     南 北   千 里   姻 缘,

i  | 3 6 | 5 | 0 i | i 5 | 6 | 6 i | 3 5 | 6 |
因   何 故   终 日   里 愁   眉   不 展,

i  | i 0 | 3 | 3 ³₂ 3 | 0 5 | i | 0 5 | 6 |
有   什    么        心     腹   事

i  | 5 i | 6 5 | ⁵3    5 | …… |
你   只 管  明 言。
```

● **剧本摘录**

〔杨延辉九龙口亮相上场整冠、捋髯,再走至台口。

杨 延 辉(白)金井锁梧桐,长叹空随,一阵风。

〔杨延辉转身归座。

杨 延 辉　（白）沙滩赴会十五年，雁过衡阳各一天。高堂老母难得见，怎不叫人泪涟涟。本宫，四郎延辉，山后磁州人氏。父官拜金刀令公，母亲佘氏太君，生我弟兄七男，俱受君禄。只因十五年前，沙滩赴会，一场血战，只杀得我弟兄，四走逃亡。那时本宫被擒，改名木易。多蒙萧太后不肯杀害，反将公主匹配，算来倒有一十五载。昨日小番报道：萧天佐，在九龙飞虎峪，设下了天门大阵，宋王御驾亲征。闻听老娘，押粮来到雁门关口，是我有心，回营见母一面，怎奈关口阻隔，插翅不能飞过。思想起来，好不伤感人也！

杨 延 辉　【西皮慢板】

（唱）杨延辉坐宫院自思自叹，

想起了当年事好不惨然。

我好比笼中鸟有翅难展，

我好比虎离山受了孤单。

我好比南来雁失群飞散，

我好比浅水龙久困沙滩。

想当年沙滩会，

【西皮二六板】

〔杨延辉起身站起来。

杨 延 辉（唱）一场血战，

　　　　　　只杀得血成河尸骨堆山，

　　　　　　只杀得杨家将东逃西散，

　　　　　　只杀得众儿郎滚下马鞍。

　　　　　　我被擒改名姓方脱此难，

　　　　　　将杨字拆木易匹配良缘。

　　　　　　萧天佐摆天门两下里会战，

　　　　　　我的娘领人马来到北番。

　　　　　　我有心回宋营见母一面，

　　　　　　怎奈我身在番远隔天边。

　　　　　　思老母不由我肝肠痛断，

　　　　　　想老娘想得儿泪洒在胸前。

　　　　　　眼睁睁高堂母难得见，儿的老娘啊！【哭头】

杨 延 辉【西皮摇板】

　　　　（唱）要相逢除非是梦里团圆。

铁镜公主（内白）丫头！

丫　　鬟（内应）有！

铁扇公主（内白）带路啊！

丫　　鬟（内白）是了！

　　〔丫鬟引铁镜公主上场，铁镜公主走至小边台口开唱，杨延辉转身归座。

铁镜公主【西皮摇板】

（唱）芍药开牡丹放花红一片，

艳阳天春光好百鸟声喧。

我本当与驸马消遣游玩，

怎奈他终日里愁锁眉尖。

〔丫鬟挖门上，摆八字椅。

铁镜公主（白）驸马！

杨 延 辉（白）公主来了？请坐！

〔杨延辉起身接铁镜公主，随后铁镜公主、杨延辉归座，丫鬟请安。

铁镜公主（白）坐着。

丫　　鬟（白）请驸马爷安。

杨延辉（白）罢了。

〔丫鬟走到两侧伺候。

铁镜公主（白）我说驸马，自从来到我国，一十五载，朝欢暮乐，未曾忧思，我瞧你这两天，怎么愁眉不展的？莫非你有什么心事吗？

杨延辉（白）本宫无有心事，公主不要多疑。

铁镜公主（白）你说你没有心事，你瞧，你的眼泪还没有擦干呢！

杨延辉（白）这个……

〔杨延辉背脸拭泪。

铁镜公主（白）现擦也来不及啦。

杨延辉（白）咳！本宫心事倒有，慢说公主，就是那大罗神仙也难以猜透。

铁镜公主（白）慢说是你的心事，就是我母后的国家大事，咱家不猜便罢！

杨延辉（白）若猜呢？

铁镜公主（白）猜他个八九分。

杨延辉（白）如此就请公主猜上一猜。

铁镜公主（白）丫头啊，打坐向前！

〔二人起身，铁镜公主从丫鬟怀中抱过孩子，丫鬟摆门椅。

铁镜公主【西皮导板】

（唱）夫妻们打坐在皇宫院，

〔铁镜公主将孩子交给丫鬟，随后丫鬟退下，两人一起往台前走，随后一起坐下。

铁镜公主【西皮慢板】

（唱）猜一猜驸马爷满腹机关。

（夹白）驸马，我可要猜啦。

杨延辉（白）公主请猜。

铁镜公主（接唱）莫不是我母后将你怠慢？

杨延辉（白）啊，公主，你这头一猜……

铁镜公主（白）猜着了？

杨延辉（白）错了！

铁镜公主（白）怎么错啦？

杨延辉（白）想那太后，乃是一国之主，本宫又有半子之劳，慢说无有怠慢，纵有怠慢，看在公主的面上，也要担待一二。

铁镜公主（白）是啊！想我母后，乃是一国之主，你这女婿，又是半子之劳，慢说没有怠慢，即便有些个怠慢，还把她老人家怎么样呢？

杨延辉（白）是啊！

铁镜公主（白）不是的？

杨延辉（白）不是的！

铁镜公主（白）啊，是了！

【西皮慢板】

（唱）莫不是夫妻们冷落少欢？

杨延辉（白）啊，公主，你又猜错了！

铁镜公主（白）又错了？

杨延辉（白）想你我夫妻，相亲相爱，一十五载，何言冷落少欢啊？

铁镜公主（白）是啊！想你我乃是恩爱的夫妻，我怎么说冷落少欢呢？

杨延辉（白）是啊！

铁镜公主（白）不是的？

杨延辉（白）不是的！

铁镜公主（白）哦！哦！是了！

【西皮慢板】

（接唱）莫不是思游玩那秦楼楚馆？

杨延辉（白）想这皇宫内院，异景非常，那秦楼楚馆也是本宫去的所在呀？

铁镜公主（白）是呀！想那秦楼楚馆，难道说，还胜得过皇宫内院不成吗？

杨延辉（白）着啊！

铁镜公主（白）又不是的？

杨延辉（白）不是的！

铁镜公主（白）哦哦！是了！

【西皮慢板】

（接唱）莫不是抱琵琶你就另想别弹？

杨延辉（白）公主此言差矣！想本宫乃是被擒之人，多蒙太后不斩之恩，事到而今，还讲什么怀抱琵琶另想别弹。你出此言，不甚要紧，岂不愧煞，唉！本宫！

铁镜公主（白）哟！你别哭啊！我跟你闹着玩呢！这倒难猜了！

【西皮慢板】

（接唱）这不是那不是是何意见？

（白）驸马，你过来，我这一猜，准能猜到你的心眼儿去啦！

杨延辉（白）公主请猜！

〔两人起身走到椅子后面，丫鬟上场，将孩子递给铁镜公主并把椅子搬回八字椅，随后退下，两人走到台中。

铁镜公主【西皮摇板】

（唱）莫不是你思骨肉意马心猿？

杨延辉（白）哦！

【西皮快板】

（唱）贤公主虽女流智谋广远，

猜透了杨延辉腹内机关。

我本当吐实言求她挽转，

铁镜公主（白）猜着啦？

杨延辉（白）慢来呀！

【西皮摇板】

（接唱）还须要紧闭口慢露真言。

〔两人归座。

铁镜公主（白）我说驸马，心事被咱家猜着了没有啊?

杨 延 辉（白）本宫心事，倒被公主猜透！但是不能与本宫做主，唉！也是枉然。

铁镜公主（白）只要你说出来，大小给你拿个主意就是啦！

杨 延 辉（白）哦！公主啊！

【西皮快板】

（唱）我在南来你在番，

　　　千里姻缘一线牵，

　　　公主对天盟誓愿，

　　　本宫方肯吐真言。

铁镜公主（白）要咱家起誓啊?

杨 延 辉（白）正是！

铁镜公主（白）我不会的！

杨 延 辉（白）怎么？番邦女子连誓都不会盟么?

铁镜公主（白）比不得你们南蛮子，拿起誓当白玩儿了！

杨 延 辉（白）待本宫教导与你。

铁镜公主（白）你教我吧！

〔杨延辉起身，随后铁镜公主起身附和。

杨延辉（白）跪在此地，口称皇天在上，番邦女子在下，驸马爷对我说了真情实话，我若是走漏消息半点，到后来，天把我怎样长，地把我怎样短！

铁镜公主（白）你听着：皇天在上，番邦女子在下，驸马爷对我说了真情实话，我若走漏消息半点，到后来，天把我怎么长，地把我怎么短！我说驸马，到底怎么长，怎么短呐？

杨延辉（白）唉！要你终身对天一表！

〔铁镜公主把孩子递给杨延辉。

铁镜公主（白）你当我不会起誓？过来抱着孩子，待咱家起誓啦！

〔铁镜公主跪地起誓。

铁镜公主【西皮流水】

  （唱）铁镜女跪尘埃祝告上天,

    尊一声过往神细听咱言。

    我若是走漏了他的消息半点,

杨 延 辉（白）怎么样啊?

铁镜公主（白）罢!

  【西皮摇板】

  （接唱）三尺绫自悬梁尸不周全。

杨 延 辉（白）言重了!

〔杨延辉扶铁镜公主起身。

杨 延 辉【西皮快板】

  （唱）一见公主盟誓愿,

本宫才把心放宽。

二次里走向前重把礼见，

〔两人转身归座。

杨延辉【西皮摇板】

（唱）我方可肯到宋营拜母问安。

铁镜公主（白）我说驸马，誓已起了，有什么话，你快说吧！

杨延辉（白）你道本宫，当真姓木名易么？

铁镜公主（白）哟！谁不知道，你是木易驸马呀！

杨延辉（白）非也！

铁镜公主（白）非也？哈哈！好啊！自从来到我国，一十五载，连真名实姓都没有？今儿个，说了真名实姓便罢！如若不然，奏知母后，要你的脑袋！你可害苦了我啦！

杨延辉【西皮导板】

（唱）未开言不由人泪流满面！

〔铁镜公主把阿哥撒尿。

杨延辉（白）啊，本宫与你讲话，怎么在阿哥身上打搅啊？

铁镜公主（白）你说你的,难道我儿子不撒尿吗?

杨 延 辉（白）唉!公主啊!

铁镜公主（白）说好的吧!

杨 延 辉【西皮原板】

（接唱）贤公主细听我表一表家园,

我的父老令公官高爵显,

我的母佘太君所生我弟兄七男。

都只为宋王爷五台山还愿,

潘仁美诓圣驾来到北番,

你的父设下了双龙会宴,

我弟兄八员将赴会在沙滩。

〔两人走到台口。

杨 延 辉【西皮快板】

（转唱）我大哥替宋王席前遭难,

我二哥短剑下命染黄泉。

我三哥被马踏尸骨泥烂,

有本宫和八弟失落北番,

我本是杨……

〔铁镜公主急示噤声,杨延辉、铁镜公主同出门分至两侧察看,双进门。

铁镜公主(白)驸马,到底儿杨什么?

杨 延 辉(白)唉!

【哭头】

(唱)啊!贤公主,我的妻呀!

【西皮摇板】

(接唱)我本是杨四郎名姓改换,

将杨字拆木易匹配良缘。

铁镜公主【西皮流水板】

(唱)听他言吓得我浑身是汗,

十五载到今日才吐真言。

原来是杨家将把名姓改换,

他思家乡想骨肉就不能团圆。

我这里走向前再把礼见,

尊一声驸马爷细听咱言:

早晚间休怪我言语怠慢,

不知者不怪罪你的海量放宽。

杨 延 辉(白)公主啊!【闪锤】

【西皮快板】

(唱)我和你好夫妻恩德非浅,

贤公主你何必礼仪太谦。

杨延辉有一日愁眉开展,

忘不了贤公主恩德如山。

铁镜公主【西皮快板】

  （唱）讲什么夫妻情恩德不浅，

    咱与你隔南北千里姻缘。

    因何故终日里愁眉不展，

    有什么心腹事你只管明言。

杨延辉【西皮快板】

  （唱）非是我这几日愁眉不展，

    有一件心腹事不敢明言。

    萧天佐摆天门两国交战，

    我的娘押粮草来到北番。

    我有心回营去见母一面，

    怎奈我身在番不能过关。

铁镜公主（接唱）你那里休得要巧言改辩，

    你要拜高堂母我不阻拦。

杨延辉（接唱）既是公主不阻拦，

    无有令箭怎能过关？

铁镜公主（接唱）有心赠你金鈚箭，

    怕你一去就不回还。

杨延辉（接唱）公主赐我的金鈚箭，

    见母一面即刻还。

铁镜公主（接唱）宋营离此路途远，

    一夜之间你怎能够还？

杨延辉（接唱）宋营虽然路途远，

    快马加鞭一夜还。

〔杨延辉翻右水袖齐眉朝外亮相。

铁镜公主（接唱）方才叫咱盟誓愿，

你对苍天与我表一番。

杨 延 辉（白）哦！

【大锣一击】【亮弦】接【闪锤】

〔杨延辉跪下。

杨 延 辉【西皮快板】

（白）公主要我盟誓愿，

双膝跪在地平川。

我若探母不回转，

铁镜公主（白）怎么样啊？【大锣一击】【亮弦】

杨 延 辉（白）也罢！【大锣凤点头】

【西皮摇板】

（唱）黄沙盖脸尸骨不全。

铁镜公主（白）言重了！【闪锤】

〔铁镜公主上步搀起杨延辉。

【西皮流水】

（唱）一见驸马盟誓愿，

　　　咱家才把心放宽。

　　　你在后宫乔改扮，【闪锤】

〔两人分别出门。

铁镜公主【西皮摇板】

（唱）盗来令箭你好出关！【大锣抽头】

〔铁镜公主背身行礼，转身出门；杨延辉送出门，立于台口。铁镜公主走向下场门，回身。铁镜公主右手持手绢一指，背手上步转身冲下场门，手坠下。杨延辉目送公主下后，左手撩蟒向下场门方向走三步。【抽头】

〔切住，杨延辉右手翻水袖朝里一望。【大锣一击】【亮弦】接【紧锤】杨延辉回身右手撩蟒，左手端玉带往前走到正台中，进门，顺势又转身双抖袖，面向外站。

杨延辉【西皮快板】

（唱）一见公主盗令箭，

　　　本宫才把心放宽。

　　　扭回头来【顷仓】叫小番！【纽丝】

〔杨延辉朝下场门方向走几步再回身双抖袖。

【西皮散板】

（唱）备爷的千里战马，扣连环，爷好出关！

〔双手托须，然后左手抖蟒袍边，右手向外指，下场。

● **京剧知识加油站**

1.《坐宫》中涉及的行当

老生：老生主要扮演中年以上的男性角色，唱、念白都用本嗓（真嗓）。老生基本上都是戴三绺的黑胡子，术语称"黑三"。

杨延辉

花衫：花衫是旦角的一种，融合了青衣沉静端庄的风格、花旦活泼灵巧的表演、刀马旦的武打工架，是一种唱、念、做、打并重的旦角行当。《四郎探母》中的铁镜公主就是旦角中的花衫，也称为"旗装旦"。

2. 京剧里的旗装

旗装是满族的传统服饰，然而在京剧中不仅满族，所有古代中国少数民族上层阶级的贵妇都穿旗装。旗装属于"清装"的一种，"清装"就是指清代的服饰，京剧"清装"是京剧演出中所使用的清代的服饰，它的又一种说法是"时服"（乾隆年间的时装）。由于实际演出剧目的需要，慢慢地，"清装"便具有了新的程式性含义，演变为表示一切少数民族所穿用的通用服饰。

铁镜公主

● 传统文化串串串

在以杨家将为主题的戏曲中,《四郎探母》显得很特别,因为这出戏并没有着力表现杨家将在沙场上的忠义勇猛,而是讲述宋辽交战时期,杨四郎杨延辉回宋营探母的故事。剧中杨延辉的人物设定,曾经在一段时期内饱受争议,批判者认为该剧美化了四郎"不忠不孝""叛国投敌"的形象,看完戏之后你是如何理解的呢?其实,中国传统社会的法理观念与人伦观念一直是紧密联系的。剧中淡化了宋、辽敌对的政治关系,而着重描写了人情——母子情、夫妻情、兄弟情等,剧中人物个个坚守人情,所以最终才能化解危机,留给观众一个完满的结局。在世人眼中,杨四郎虽然够不上"忠臣""孝子",但也因他的有情有义得到了观众的同情和认可。

● 名家点睛

马帅:国家一级演员,中国戏曲学院京剧系教师,曾为中国京剧院著名京剧演员。代表剧目《杨门女将》《白蛇传》《战洪州》《杜鹃山》,新编戏《泸水彝山》《秋瑾》等。师承赵玉霞、张正芳、张逸娟、艾美君、沈世华、赵德勋、刘长瑜、宋丹菊、陈国维、谢锐青、柯茵婴、张春秋、杨秋玲、杨春霞、刘秀荣、李金鸿、李慧芳等,是刘秀荣先生的入室弟子。

《坐宫》是《四郎探母》中的一折。铁镜公主的扮相与其他剧目中的女性不同,她穿旗装,蹬花盆底(清代贵族妇女穿的鞋),梳旗头。这种扮相在京剧中一般都是少数民族女性,所以铁镜公主的性格也不同于其他传统女性,比较泼辣、洒脱。

穿旗装表演的脚步和走路姿势与穿着明代服装的有很大不同,受花盆底限制,演员走路时不能勾脚面,要相对平着出脚,否则让观众看到鞋底就不好了。手要随着走路而摆动,不能不动,也不能动得太大。头也不能左右乱晃,因为穿旗装是梳板儿头的,走路乱晃,板儿头就歪了,穗子也乱了。演员转身时也要整身儿转,脑袋始终是正的，这样才能展现贵族妇女的端庄气质。

铁镜公主念京白，要求干板剁字，北京话叫"萝卜就茶水——嘎嘣脆"。需要注意的是京白不等于北京话，也要上韵。例如，很多上（shǎng）声词（"阴阳上去"也就是汉语拼音的四声，上声为三声），像驸马的"马"字，就要求清楚地归韵，做到字正腔圆。同学们在欣赏的时候可以留意一下。

铁镜公主和杨延辉对唱的快板也是看点之一，虽然快，但绝不能唱得像夫妻吵架一样，分寸要把握好。铁镜公主和杨延辉毕竟都是有身份、明事理的人，所以语速虽然快，依然还是说，不是吵。

● 小舞台

旗装台步练习

1. 手拿手绢

前面讲过，旦角拿东西用前三指。

2. 旗装台步

穿旗装走的台步，又被形象地称作"鹅步"。走路时，脚要轻抬慢落，头不许乱动，手的摆动不能太大，摆到前面时要有一个小静止，摆到后面时也要有一个小静止。这样走路就会很稳健大方，既有力量感，又有女性的柔美。注意，舞台上的花盆底通常高两寸半，所以初学者一定要缓步慢行。

三、《赤桑镇》

● **剧情简介**

开封府尹包拯准备前往陈州放粮，得知任萧山县令的侄子包勉贪赃枉法，包拯秉公将其铡死。包拯年幼失去父母，由嫂嫂吴妙贞抚养成人，奉其为"嫂娘"，敬养如同亲母，如今却将她唯一的亲生儿子处死，心中既痛且愧，急忙修书向嫂娘禀告此事。吴妙贞赶到赤桑镇，哭闹不休，责备包拯忘恩负义，包拯婉言相劝，晓以大义，感动吴妙贞，叔嫂和睦如初。

● **名段欣赏**

《赤桑镇》是一出唱功戏，演唱风格十分鲜明，包含了京剧中西皮与二黄两大声腔，板式丰富多变，其中有导板、散板、摇板、西皮三眼、流水、二黄二六、二黄碰板三眼等。

嫂娘年迈如霜降

$1=E$ $\frac{1}{4}$

【西皮散板　快板】

【大锣单扦凤点头】

似虎狼。小弟居呀官法执掌,岂能坐视负哇君王?叔侄之情哪何曾忘,怎奈这王法条条。(吴)你昧了天良!国法今在你手掌,从轻发落又何妨?(包)弟也曾前思后又想,徇私舞哇弊犯王章。……

自幼儿蒙嫂娘训教抚养

1=F 4/4

【二黄碰板转快三眼】

6̄ 5̇·ᵗʳ 6̄ 0 | 5̄7̇ 6̄3̇ 5̇·6̇ 7̇6̇ | 1̄6̇ⱽ 3̇2̇1̇ 2̇3̇ |
　 自　幼　儿　　　　　　　　　蒙　嫂　娘

3̄1̇ⱽ 2̇ 2̇ 3̇ | 3̄6̇ 5̇6̇ 1̇3̇ 2̇6̇ | 1̇2̇ 3̇2̇7̇6̇ 5̇·6̇ 1̇ⱽ |
训　教　　抚　养，

3̇ 3̇6̇ 1̇2̇ 3̇2̇ | 3̇ⱽ 1̇ 1̇2̇ 3̇5̇ | 2̇ 2̇6̇ 1̇·5̇ 6̇7̇ |
金　石　言　　　永　不　忘　铭　记

6̇·1̇ 5̇6̇ 3̇5̇ 2̇·1̇ | 2̇3̇ 1̇7̇ 6̇1̇ 2̇ⱽ | 2̇·5̇ 3̇1̇ 2̇·3̇ 4̇3̇ |
心　　旁。　　　　　前　辈　的

2̇ 3̇5̇ 3̇2̇1̇7̇ 6̇·1̇ 2̇ⱽ | 3̇ 3̇5̇ 6̇·2̇ | 1̇ⱽ 2̇·6̇ 1̇6̇ 5̇6̇ |
　 忠　良　臣

1̇2̇ 3̇2̇7̇6̇ 5̇·6̇ 7̇6̇5̇6̇ | 1̇2̇ 3̇2̇3̇5̇ 2̇3̇ 3̇6̇ | 5̇6̇ 5̇6̇5̇ 0 5̇ 6̇1̇ |

3̇6̇ 1̇2̇ 1̇2̇ 3̇2̇ | 3̇6̇ 5̇6̇ 1̇3̇ 2̇6̇ | 1̇2̇ 3̇2̇7̇6̇ 5̇·6̇ 1̇ |
人　人　　　敬　　仰，

2̇3̇ 1̇2̇ 3̇6̇ 1̇2̇ | 3̇ⱽ 2̇ 3̇2̇ 3̇5̇ | 2̇3̇ 2̇6̇ 1̇·5̇ 6̇7̇ |
哪　有呃个　　　徇　私　情　卖　法

6̇·1̇ 5̇6̇ 3̇5̇ 2̇·1̇ | 2̇3̇ 3̇2̇1̇7̇ 6̇1̇ 2̇ⱽ | ……
贪　　赃？

● **剧本摘录**

【第三场】

〔【长锤】包拯上场门上场,走至台口。

包　　拯【西皮快三眼】

（唱）恨包勉他初为官贪赃罔上,

〔包拯从台口走至上场边。

在长亭铜铡下丧命身亡。

〔包拯从上场边走至台口。

命王朝下书信合肥县往,

〔包拯从台口走至下场边。

嫂娘亲闻凶信定要悲伤,

〔包拯从下场边走至台口。

闷悠悠坐馆驿心中惆怅。

〔包拯转身走向八字椅，马汉上场门走至包拯身边。【大台仓才仓才仓】

马　　汉（白）禀相爷：吴氏夫人来到赤桑。
包　　拯（白）呀，嫂娘亲为此事来到赤桑，随我出迎。
众　　人（白）是。
包　　拯（白）嫂娘。

〔王朝扶吴妙贞上场门急上。【大锣双扦凤点头】

吴　妙　贞（白）好奴才！

【西皮小导板 快板】

（唱）见包拯怒火满胸膛，

王朝、马汉（白）使不得。【大锣一击】【硬三锤】

吴　妙　贞（唱）骂声忘恩负义郎！

我命那包勉长亭往，与你饯行表衷肠。

谁知道你把那良心丧，害死我儿在异乡。

有何脸面你活在世上？快与我儿把命偿！

【大锣一击】

包　　　拯（白）嫂娘！

【西皮散板】

（唱）嫂娘年迈如霜降，远路奔波到赤桑。包勉他初任萧山县，

【西皮快板】

（唱）贪赃枉法似虎狼。

小弟居官法执掌，岂能坐视负君王！

叔侄之情何曾忘，怎奈这王法条条……

吴　妙　贞【西皮快板】

（唱）你昧了天良！

国法今在你手掌，从轻发落又何妨？

包　　　拯（唱）弟也曾前思后又想，徇私舞弊犯王章。

吴　妙　贞（唱）手摸胸膛你想一想，我是包勉他的娘。

包　　　拯（唱）还望嫂娘多体谅，按律严惩法制伸张。

吴　妙　贞（白）住口！

【大锣一击】【西皮二六摇板】

（唱）你休要花言巧语讲，恩将仇报负心肠。

想当年嫂嫂将你来抱养，衣食照料似亲娘。

你与那包勉俱一样，

【西皮快板】

（唱）长大成人习文章。

　　　龙虎之年开科场，高榜得中伴君王。

　　　到如今做高官国法执掌，你不该铡死包勉丧尽天良。

　　　我越思越想气往上撞！

【揣锣】【闪锤】

包　　拯（白）嫂娘。

吴　妙　贞【西皮摇板】

（唱）你是个人面兽心肠！

包　　拯（白）嫂娘啊！

【西皮散板】

（唱）劝嫂娘息雷霆弟有话讲，

　　　且落座细听我表叙衷肠。

〔王朝将八字椅抬至台中，吴妙贞转身归座。

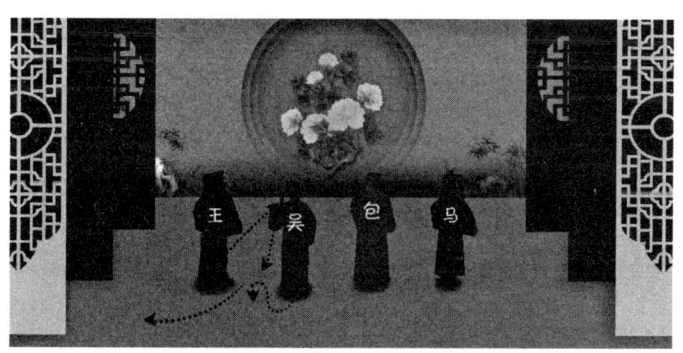

包　　拯（白）嫂娘啊，嫂娘啊，嫂娘！小弟自幼被爹娘抛弃，多蒙兄嫂抚养成人。如今养育之恩未报，谁知包勉贪赃枉法，国法难容，私情难佑。还望嫂娘宽恕小弟！

【二黄碰板转快三眼】

（唱）自幼儿蒙嫂娘训教抚养，金石言永不忘铭记心旁。

前辈的忠良臣人人敬仰，哪有个徇私情卖法贪赃？

到如今我坐开封国法执掌，杀赃官除恶霸伸雪冤枉。

未正人先正己人己一样，责己宽责人严怎算得国家栋梁？

小包勉犯王法岂能轻放，

弟若徇私，上欺君，下压民，败坏纪纲，我难对嫂娘！

〔吴妙贞起身向前一步。

吴 妙 贞【二黄原板】

（唱）听包拯一席话暗自思想，他忠心秉正、公而忘私，方算得盖世的忠良。

恨我儿他不该贪赃罔上，按律条铡包勉理所应当。

怎奈我失却了终身靠养，

（白）罢！

【二黄散板】

（唱）倒不如我碰死在赤桑！

〔吴妙贞哭泣抹泪，王朝上前搀扶转身归座。

王朝、马汉（白）使不得！太夫人！太夫人！

吴妙贞（白）儿啊……

包　　拯（白）嫂娘啊！

【二黄散板】

（唱）见嫂娘只哭得泪如雨降，

纵然是铁面人也要心伤。

劝嫂娘息雷霆，你从宽着想。

吴妙贞（白）儿呀！

包　　拯（白）孝巾伺候。

〔马汉下场门递孝巾给包拯，随后下场门退下，包拯接过孝巾转身走至台口。

包　　拯（白）嫂娘呀！

【二黄碰板】

（唱）劝嫂娘，休流泪，你免悲伤，

　　　养老送终弟承当，

　　　百年之后，弟就是戴孝儿郎。

【二黄散板】

　　　今日事望嫂娘将弟宽放，

　　　我还要去陈州赈济灾荒。

（白）嫂娘，宽恕小弟吧！

〔马汉接孝巾下场门下。

〔吴妙贞起身，王朝将八字椅放回，走至上场口。

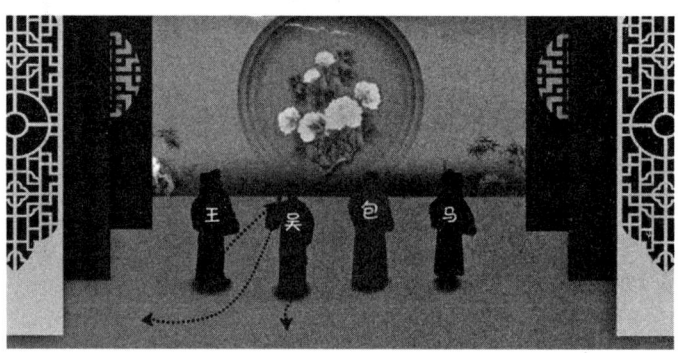

吴　妙　贞【二黄散板】

　　　（唱）小包拯他把那赔情的话讲，句句话感肺腑动人心肠。

　　　　　为黎民不徇私忠良榜样，万不该责怪他我悔恨非常！

　　　　　叫王朝！

王　　　朝（白）有。

吴　妙　贞【二黄散板】

　　　（唱）你与我把酒斟上，

王　　　朝（白）是！

〔王朝上场门下，端酒从上场门上递给吴妙贞。

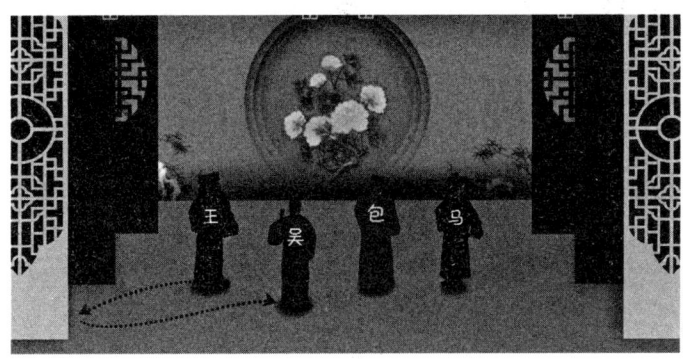

吴　妙　贞【二黄碰板三眼】

（唱）表一表愚嫂我这一片心肠，

【二黄原板】

此一番到陈州去把粮放，

休把我吴妙贞挂在心旁。

饮罢了杯中酒起身前往，

为百姓公废私理所应当。

包　　拯（白）好嫂娘！

〔包拯接过酒饮下。

包　　拯【西皮快板】

（唱）嫂娘亲她把那真情话讲，肺腑言感天地荡气回肠。

明是非主正义贤良高尚，劝包拯爱黎民永做忠良。

深施礼谢嫂娘恩高义广！

〔王朝扶吴妙贞，包拯与马汉，四人正圆场交换位置。

包　　拯【西皮散板】

（唱）小弟我放粮回孝敬嫂娘。

〔包拯扶吴妙贞下场门同下。王朝、马汉同下。

● 京剧知识加油站

《赤桑镇》中涉及的行当

净：也就是我们常说的"花脸"，也称"花面"，主要扮演在性格、品质或相貌等方面具有突出特点的男性人物。面部化妆勾画脸谱，表演动作幅度大，以突出其性格、气度和声势。

包拯的造型比较特殊，勾黑整脸（脑门勾白色月牙），穿黑相貂、黑满、黑蟒、红彩裤、厚底靴。

包拯

老旦：是扮演老年妇女的角色。老旦的表演特点，是唱、念都用本嗓，用真嗓，但不像老生那样平、直、刚劲，而像青衣那样婉转迂回。

嫂娘

● 传统文化串串串

《赤桑镇》改编自清代小说《三侠五义》。《赤桑镇》在中国的各个地方剧种中都有演出，如秦腔、评剧等，名称各有不同，但是故事情节基本相似。故事的主人公包拯（999—1062），字希仁，庐州合肥（今属安徽）人，北宋名臣。包拯为官，清正廉洁，铁面无私，不畏权贵，故有"包青天"及"包公"之名。

包公戏和杨家将戏一样，也是中国戏曲创作者非常喜欢的一个题材。现在保留下来的元代杂剧中，有关包公的戏就有11种，是已知元杂剧中最多的个人故事剧目。明代的包公戏，没有元代那样兴盛，保留到今天的剧本有5种。清代包公戏保存有9个剧目，清末民初是包公戏的爆发时期，出现了大量的包公戏剧目，至今仍然在各种地方戏曲中上演的包公戏就有几十种，如《狸猫换太子》《秦香莲》《乌盆记》《铡包勉》《赤桑镇》《铡判官》《打龙袍》《打銮驾》《黑驴告状》《双包案》《花蝴蝶》等剧目，真可谓家喻户晓，长演不衰。

● 名家点睛

翁偶虹（1909—1994）：我国戏曲作家、理论家、教育家。北京人，原名翁麟声，笔名偶虹。

《赤桑镇》的剧本根据唱工戏的艺术特点进行了整理，但如何通过唱工，使观众在领受剧本内容的同时，而又为剧中人物的思想感情所感染，满足了艺术的

美的享受，那又要看演员怎样发挥唱工艺术的魅力，达到思想性与艺术性的相互结合。裘、李两位积累了唱工艺术的丰富经验，掌握了最主要的一点，那就是根据剧本所赋予的人物思想感情转折变化的关键，适当地使用唱腔，运用唱腔，发挥唱腔，移宫换羽，斟字酌声，使观众怡心悦耳，荡气回肠。这里既不使人有单纯的"花腔""卖头"之感，又使人觉得正是剧中人在思想感情转折变化处自然的抒发和宣泄。

例如吴妙贞乍见包拯，劈头一句所唱的"见包拯怒火满胸膛"；包拯婉转陈情，唱道"怎奈这王法条条……"，吴妙贞紧接下半句"你昧了天良"；包拯重申"按律严惩法制伸张"；吴妙贞紧接一个"住口"，接唱"你休要花言巧语讲"；以及包拯在一段念白之后唱的"自幼儿蒙嫂娘训教抚养"，直到"弟若徇私，上欺君，下压民，败坏纪纲，我难对嫂娘"；吴妙贞紧接着唱的"听包拯一席话暗自思想，他忠心秉正、公而忘私，方算得盖世的忠良"，直到"倒不如我碰死在赤桑"；包拯取孝巾后紧接着唱的"劝嫂娘，休流泪，你免悲伤，养老送终弟承当，百年之后，弟就是戴孝儿郎"；吴妙贞紧接着唱的"小包拯他把那赔情的话讲"和同一段中的"表一表愚嫂我这一片心肠"，直到"为百姓公废私理所应当"。这些地方，在不同程度上都运用了腔调的变化，使观众得到了唱工艺术的享受，同时又表现了剧中人物应有的思想感情的变化过程。至于包拯初上场的一段【原板】，和全剧结束时下场唱的一段【快板】，虽然没有突出的唱腔，而"宛如王谢堂前燕，翩舞春风便不同"，使人感到包拯的出场，是接续着前面《铡包勉》下场时"书信下到合肥（有腔）县，你与我多多拜上嫂娘亲（有腔）"的思想感情；包拯最后下场，表现出矛盾结束，正义胜利，既兴奋而又自勉的情绪。

● 小舞台

1. 戏剧脸谱连连看

红脸：关羽　　　桀骜不驯　　　

白脸：曹操　　　威武、庄严　　　

蓝脸：窦尔敦　　勇猛、莽撞　　　

黑脸：包拯　　　忠义、耿直　　　

紫脸：专诸　　　稳重、肃穆　　　

金脸：二郎神　　奸诈、多疑　　　

绿脸：程咬金　　严肃、猛智　　　

2. 什么是京剧脸谱？

京剧脸谱是一种具有中国文化特色的特殊化妆方法。由于每个历史人物或某一种类型的人物都有一种大概的谱式，就像唱歌、奏乐都要按照乐谱一样，因此称为"脸谱"。

3. 脸谱的构图分类有哪些？

整脸、三块瓦脸、十字门脸、六分脸、碎花脸、歪脸、僧脸、太监脸、元宝脸、象形脸、神仙脸、丑角脸、小妖脸、英雄脸。

4. 戏剧脸谱连连看答案

红脸：关羽——忠义、耿直

白脸：曹操——奸诈、多疑

蓝脸：窦尔敦——桀骜不驯

黑脸：包拯——严肃、猛智

紫脸：专诸——稳重、肃穆

金脸：二郎神——威武、庄严

绿脸：程咬金——勇猛、莽撞

四、《锁麟囊》之"春秋亭"

● **剧情简介**

山东登州富户之女薛湘灵许配给周庭训,按照当地习俗,女儿出嫁前,母亲送给她一个装有金银财宝的口袋——"囊",上面绣有一个麒麟,意为"早降麒麟,早生贵子"。薛湘灵挑选嫁奁,百般任性,母亲多加了几颗夜明珠她才满意。出嫁之日,薛湘灵中途遇雨,在春秋亭暂避,此时又来一花轿,轿中为贫女赵守贞,因感身世凄凉而啼哭。薛湘灵怜悯之,慷慨解囊,以锁麟囊相赠。六年后,登州发大水,薛湘灵归宁,途中与家人失散,流落到莱州府给卢员外一家当女佣。一日,湘灵伴天麟游戏于园中,触景伤情,百感交集,顿悟贫富无常。麟儿淘气把皮球抛在楼上,命湘灵去找球,湘灵在楼上意外发现自己当年所赠锁麟囊,不觉感泣。麟儿下楼告知母亲,湘灵闯了大祸,卢夫人(即当年赵守贞)盘问湘灵,湘灵将当年出嫁情形娓娓道来,卢夫人渐渐查明湘灵就是当年赠囊人,遂敬之如上宾。随后,卢夫人助薛湘灵一家团圆,两人结为金兰之好。

● **名段欣赏**

春秋亭外风雨暴

$1=D \quad \frac{2}{4}$

【西皮·二六】 中速

(廾 d d d dde t | 2/4 多罗0 7̣ 6̣ 1 2 1 2) | 1̇ 0 1 6 1̇ 2̇ |

春

| 1̇ 1̇ 6 1̇ 5 5 3 (6 | 5.3 5 6 5) | 3̇ 1̇ | 1̇ 3 5 6 4 0 |

秋　　　　　　　　　亭　外

| 6 7 6 5 6 6　5 5 3 (6 | 5 4 3 5) 6 i 5 | 6ᵛ 6 5　3 3 2 0 |

风　　　　　　　　　　　雨　暴，　何

| 3 4 3 5　6 5 0 | 6 7 6 5 6 5 6　5. 6 5 3 | 2 1 0 3　5 3 i i |

处　　悲　　声　　破　　寂

| 6 i 4 3　2 3 4 3 2 3 4 6 | 3 3 5 2 2　1 1 6 (2 | 1. 6 1 2) 3 i |

寥？　　　　　　　　　　　　　　隔

| i 3　5　6 5 0 | 3 3 5 5　4. 5 3 2 | 3. 5 3　5 4 (3 6 |

帘　　　　　只 见　　一

| 5 4 3 5 6) i i | 6　6 5　3 5 2 0 | 3. 5 3 5　5 4 0 |

花　轿，　想　必　是

| 6. 5 6 7̲ 6　5 5 3 | 2 1 0 3　5 5 | 5. 6 5 5　2 3 2 3 5 3 5 6 |

新　婚　渡　鹊

| 3 3 5 2 2　1 7 6 (2 | 1. 6 1 2 1) …… |

桥。

耳听得悲声惨心中如捣

1 = E 1/4

【西皮流水】

(6̣ | 6̣ | 5. 5 | 5 5 | 3 6 | 5 6̂ 5 | 3 5 6 i |

5 i | 3. 2 | 1 1 | 6̣. 2 | 1 6̣) | 2̇ | i |
　　　　　　　　　　　　　　　　　　　　　　　　　耳 听

i i | 0 i | 6 5 | i i | 3 5 | 6 (5 3 5 | 6) 3 |
得 悲　　声　　惨　　心 中　如　　捣，　　　　　同

3 6 | 5 (5 | 5) 3 | 3 i | 6 5 | 3 5 3 5 | 6 5 6 i |
路　　人　　为　　什　么　　这 样　　号

5 (5 | 5) 3 | 3 6 | 5 (5) | 0 i | 3 6 | 5 0 |
啕？　莫　不　是　　　夫　郎　丑

6 (i 6) 5 | 3 (5 3) 5 | 6 (i) | 2̇ | i 2 | i 2 | 5 6 |
难　谐　女　貌？　莫　不　是　强

i | 6 6 | 4 3 | 2 3 | 5 6 | 5 ∨ 3 | 3 6 |
婚　配　　　　鸦　占　鸾　巢？叫 梅

5 (5 | 5) i | 3. 6 | 5 0 | 5 3 5 | i | 6 (i 6 5) |
香　你　把　那　好 言 相　告，

```
5 35 | 3 i | i.2 i 5 | 6 4 | 0 4 | 3 i |
问那   厢     因 何 故    痛     哭

6 5 | 5 3 | 5 | ……
无     聊!
```

● **剧本摘录**

【第四场】

〔【吹打】二轿夫举小帐子、二轿夫扯飘网、八旗手持执事同上,薛湘灵乘轿上,梅香、薛良随上,过场,下场门同下。

〔【乱锤】赵家轿夫、众人同急上。赵守贞乘轿,赵禄寒随上。

〔赵禄寒、锣夫、花轿上场门同上,过场。

赵禄寒（白）你倒是用力敲啊！

锣　夫（白）什么？用力敲？你知道这面锣多少钱吗？敲坏了我的锣，你赔得起吗？听我跟你说，有点儿声就对得起你。

〔风雨声。二轿夫举小帐子、二轿夫扯飘网、八旗手持执事同上，薛湘灵乘轿上，梅香、薛良随上。

薛　良（白）春秋亭避雨呀！

〔【小吹打】众人同入亭避雨，帐子内放大边椅，薛湘灵坐，轿夫、众人同撑衣。

赵禄寒（白）你要轻放！轿中还有人呢！

〔轿夫从轿子后面走到轿前。

轿　夫（白）得了！这里头又不是鸡蛋，怕磕怕碰的！

赵禄寒（白）啊！这是怎么讲话？

〔梅香从薛湘灵轿子前走到赵守贞轿前。

梅　香（白）得了！你们喊什么？吓着我们小姐，担得起吗你？这轿子怎么这么点儿啊，这轿子什么色儿呀？红不红，黄不黄，紫花毛蓝月白色！

〔赵禄寒走至轿前，梅香回到薛湘灵轿子旁边。

赵禄寒（白）这是我们的花轿，你管他作甚！你管他作甚！

梅　香（白）我长这么大，没见过这样聘闺女的！今天我可开了眼啦！

赵禄寒（白）哎天哪！想我赵禄寒人虽贫穷，志气不穷，不想被她耻笑，真真气死我也！

〔赵守贞从帐子内出来。

赵守贞（白）爹爹，爹爹！

【哭头】啊……老爹爹呀！

【西皮散板】

（唱）老爹爹休发那无名火爆，无故地闲争吵实实无聊；

家贫穷遭白眼被人嘲笑，我父女志不穷忍耐这遭！

〔赵禄寒把赵守贞帐子放下。

梅　香（白）小姐，这雨可越下越大了！

〔薛湘灵打开帐子。

薛湘灵【西皮二六】

（唱）春秋亭外风雨暴，何处悲声破寂寥？

隔帘只见一花轿，想必是新婚渡鹊桥。

吉日良辰当欢笑，为什么鲛珠化泪抛？

此时却又明白了，

【西皮流水】

世上哪有尽富家！

也有饥寒悲怀抱，也有失意痛哭号啕；

轿内的人儿弹别调，必有隐情在心潮。

〔赵守贞从帐中出来，薛湘灵回到帐中。

赵守贞【西皮散板】

（唱）推开轿帘向外瞧，聘女之家是富豪；

　　　只恐怕我过门也遭嘲笑，那时候老爹爹又要心焦！

〔赵守贞回到帐中，赵禄寒走到梅香旁边。

梅　香（白）老头，过来！我说你们还有家庭教育没有。

赵禄寒（白）这是怎样讲话！

梅　香（白）这大喜的日子哭什么呀？要是我呀，乐得连嘴都合不上了。

赵禄寒（白）她是我的女儿，她爱哭。哭与不哭，你管她作甚！

梅　香（白）你别横，到了婆家，还不知道怎么过日子呢！讨厌，讨厌。小姐，她哭起来没完啦。

〔薛湘灵打开帐子。

薛湘灵（白）呀！

【西皮流水】

（唱）耳听得悲声惨心中如捣，

　　　　同路人为什么这样号啕？

　　　　莫不是夫郎丑难谐女貌？

　　　　莫不是强婚配鸦占鸾巢？

　　　　叫梅香你把那好言相告，

　　　　问那厢因何故痛哭无聊！【行弦】

梅　香（白）我说小姐，咱们避咱们的雨，他们避他们的雨，等到雨过天晴，各自走去，咱们管她哭不哭哪！

薛湘灵【西皮流水板】

　　　　（唱）梅香说话好颠倒，

　　　　不该人前乱解嘲；

　　　　怜贫济困是正道，

　　　　哪有个袖手旁观在壁上瞧！【行弦】

梅　香（白）您别生气，我去给您问问去。咳，老头儿！

〔薛湘灵合上帐子，赵禄寒走到梅香旁边。

赵禄寒（白）做什么？

梅　香（白）我们小姐问下来啦：轿子里头是你什么人？她为什么哭？你说说我们听听。

赵禄寒（白）好了，好了。你们避你们的雨，我们避我们的雨，等雨过天晴，各自走去，好好好，多谢了，多谢了，你呀，不用问了，不用问了！

梅　香（白）嘿！还记仇哪！小姐，我问啦，人家不告诉我。

〔薛湘灵打开帐子，赵禄寒走到梅香旁边，赵禄寒走回赵守贞帐子旁。

薛湘灵【西皮流水】

　　　　（唱）梅香说话太潦草，

难免怀疑在心梢。

想必是人前逞骄傲，

不该词费又滔滔。

休要噪，且站了，

薛良与我再问一遭。【行弦】

〔薛良和赵禄寒走至台中。

薛　良（白）遵命！老先生，有礼了！

赵禄寒（白）还礼了，何事呀？

薛　良（白）请问老先生上姓？

赵禄寒（白）在下姓赵。

薛　良（白）轿中是你何人？

赵禄寒（白）乃是我的女儿。

薛　良（白）她为何这样痛哭，难道不愿出聘么？

赵禄寒（白）唉！实不瞒老哥哥说，是我家业贫寒，无有妆奁，今日出嫁，贫富相遇，触景伤情，故而啼哭。

〔两人走回帐前，薛湘灵打开帐子。

薛　良（白）原来如此。小姐，他家姓赵，轿中乃是他的女儿，因家中贫寒，无有妆奁，今日出嫁，贫富相遇，触景伤情，故而啼哭。

薛湘灵（白）呀！

【西皮流水板】

（唱）听薛良一语来相告，

满腹骄矜顿雪消。

人情冷暖非天造，

何不移动半分毫？

我嫌不足她正少，

她为饥寒我为娇。

分我一只珊瑚宝，

安她半世凤凰巢。

忙把梅香低声叫，【行弦】

薛湘灵（白）梅香！

梅　香（白）小姐，什么事？

〔薛湘灵举囊。

薛湘灵（白）把此囊给她去吧。

转来！

【西皮流水板】

（唱）莫把姓名信口哓。【行弦】

梅　香（白）我说小姐，可不是我舍不得，想这锁麟囊，是老夫人祝愿您过得门去，

早降麟儿，要是给了他们，岂不辜负老夫人一番好意吗！

薛湘灵【西皮流水板】

（唱）这都是神话凭空造，

自把珠玉夸富豪。

麟儿哪有神送到？

积德才生玉树苗。

小小囊儿何足道，

慰她饥渴胜琼瑶。

梅　香（白）好，我去给她去。

老大爷，您请过来吧，

〔赵禄寒、梅香走至台中。

赵禄寒（白）何事呀？

梅　香（白）我们小姐听说您的姑娘哭得可怜，这有锁麟囊一个，里头珠宝甚多，送给你们作妆奁吧。

赵禄寒（白）慢来慢来，我与你们素不相识，焉能受此厚礼，使不得，使不得！

梅　香（白）唉！我们小姐乃是一番的诚意，您就收下吧。

赵禄寒（白）使不得！

梅　香（白）收下吧，收下吧！

赵禄寒（白）使不得，使不得！

〔赵禄寒、梅香走回各自帐前。

梅　香（白）有的，给他钱他都不要啊。我说小姐，您把这收回去吧，人家不要！

薛湘灵（白）怎么？赠她珠宝，怎会不要？

梅　香（白）他说咱们萍水相逢，素不相识，他不要。

薛湘灵（白）奇怪呀？

梅　香（白）我瞧这个老头呀，可真有点倔脾气。

薛湘灵（白）薛良！

薛　良（白）是。

薛湘灵（白）你把这锁麟囊送去，一表我敬佩之意。

〔薛良、赵禄寒走至台中。

薛　良（白）老先生请过来！

赵禄寒（白）何事？

薛　良（白）我家小姐，听你女儿哭得可怜，愿将锁麟囊相赠，内有珠宝甚多，老先生收下，定无忧矣！

赵禄寒（白）萍水相逢，怎敢收受，使不得，使不得！

薛　良（白）我家小姐，乃是诚意而赠，老先生收下吧！

赵禄寒（白）慢来，有道是君子固穷，万万的使不得！

薛　良（白）唉，你若不收，岂不辜负了我们小姐的好意呀！

〔赵禄寒走回帐前，赵守贞打开帐子。

赵禄寒（白）哎呀，莫非遇见活菩萨了不成！儿啊，轿中的小姐听你哭得可怜，将锁麟囊赠予我儿，为父再三推却，她执意要赠，我儿就收下吧。

赵守贞（白）这……唉！想这世态炎凉，不想在这春秋亭上，得遇好人。囊儿收下。爹爹问过恩人上姓，日后也好答报。

赵禄寒（白）老哥哥，请问你家小姐尊姓大名？

〔赵守贞合上帐子，赵禄寒、薛良走回台中。

梅　香（白）我们小姐姓薛……

薛湘灵（白）梅香，你对他去讲：有缘相逢，何必言报。

梅　香（白）我们小姐说了：有缘相逢，何必言报。

薛　良（白）雨过天晴，吹打起来！

〔薛家众人同下场门下。

赵禄寒（白）我们也快快吹打起来！

轿　夫（白）我不是跟你说了嘛，敲坏了我的锣，你赔得起吗？

赵禄寒（白）如今我们有钱了。

轿　夫（白）您这回有钱了？

赵禄寒（白）有钱了。

轿　夫（白）您有钱了，我就有劲儿了。

赵禄寒（白）势利小人。

〔赵家众人同下场门下。

● **京剧知识加油站**

1.《锁麟囊》中涉及的行当

青衣：青衣是旦行的一种，因所扮演的角色常穿青色褶子（青衣）而得名。多表现贞静端庄的中青年女子，表情稳重，念韵白，唱功繁重。如《三击掌》中的王宝钏、《二进宫》中的李艳妃等。

衰派老生：重做工，故也称做工老生。通常扮演年老或精神状态衰颓的人物，如《四进士》中的宋士杰、《坐楼杀惜》中的宋江等。

彩旦：彩旦不是旦角，而是扮演女性的丑角，年龄比较老的也叫"丑婆子"。扮演滑稽或奸刁的女子，也有性格爽朗风趣幽默的逗笑角色。彩旦以做工为主，说京白，表演、化妆都十分夸张。

薛湘灵

赵守贞

赵禄寒

薛良

梅香

2.京剧中的轿子

大轿：即所谓"八抬大轿"，传统戏中用大帐子代用，大红衬底，上绣金色团花，鲜艳夺目。如右图，在程（砚秋）派名剧《锁麟囊》中，大家闺秀薛湘灵出嫁时，在春秋亭下避雨，其所乘坐的便是"八抬大轿"。轿子豪华，由两名（象征多人）轿夫

执杆，乐队齐整，好不气派。大轿砌末是一物多用，乘坐时由演员来做写意式的表演。如行进时演员跟随轿夫在帐后行走，停下时就在里面加把椅子，表现人物坐在轿中。

小轿：即普通的轿子。《锁麟囊》中，与薛湘灵同时在春秋亭下避雨的是贫女赵守贞，她出嫁时乘坐的就是小轿，由一人执轿杆，仅一人敲锣。这种砌末，在后台叫小帐子，也是一物多用。

两种花轿在春秋亭相遇，形成贫富悬殊的强烈对比，有助于剧情的发展。

● 传统文化串串串

锁麟囊：绣有麒麟的锦袋，因绣花时用的是锁绣法（由绣线环圈锁套而成，绣纹效果似一根锁链），故而叫锁麟囊。多地民俗中，嫁女时娘家会准备锁麟囊给女儿做嫁妆，寄托女儿早生贵子、平安幸福的希望，表达吉祥和祝福之意。

麒麟：我国古代传说中的一种瑞兽，体形像鹿，头上有角，全身有鳞甲。古人把雄性称麒，雌性称麟，认为麒麟出没处，必有祥瑞。

● **名家点睛**

李世济（1933—2016）：第二批国家级非物质文化遗产项目京剧代表性传承人，京剧表演艺术家，程派艺术私淑传人中的杰出代表，京剧大师程砚秋的义女。

《锁麟囊》是程砚秋老师的代表作之一，1941年编演。这出戏的唱，比一般的戏多得多。程老师在唱腔上下了许多功夫，许多腔调来自梆子、大鼓、越剧等曲调，还有的是参借于西洋歌曲。这不是生搬硬套，而是融化到京剧唱腔中来。记得程老师常这样说："把人家的腔吸收了以后，经过消化和艺术加工，作出适合我们京剧的新腔，让人感觉好听，但是千万不能让人听出来这腔是梆子、大鼓或其他腔调。"《锁麟囊》的唱腔在京剧唱腔里，有了不少的改革和丰富发展，这都是程先生的创造。

正因为这出戏唱腔新颖复杂，所以学唱这出戏也比较吃力。我乍学的时候，就感觉"气"不够，有时遇到一些曲折低回的腔，我很难一口气唱下来，憋得很难受。可是程老师几句话就解决了。他说："许多人都说唱程腔会憋死。我唱了几十年也没有憋死。也没听说过有一个为了唱程腔而憋死的。为什么憋不死？主要是适当地巧妙地运用气口。许多很长的腔，别说你们一口气唱不下来，连我也一口气唱不过来。唱这类腔的时候，准备工作要做得好，先换足了气，再托住气（千万不能塌下气）。这样就有充分的准备。在唱的时候，也有许多气口。这些气口要换得巧妙和自然，使人听不出有气口，这叫偷气。把偷气以前的末一音唱重一些，偷一口气再用细小的音接上去。这样听众根本听不出你在换气，反感觉是一气呵成的，腔圆滑好听，巧妙无穷，但是腔要有轻有重，字，一定要每一个都喷口重，收放清楚。唱我的腔，最忌像发疟疾一样忽轻忽重。'字'一定要正，'腔'一定要圆。字正可以使人听得清楚，腔圆才能悦耳。所以轻只是腔，而字必须重。每一个字音要分'头、腹、尾'三部，例如像'春秋亭'的'春'字，要分做'区、依、蕴'三个阶段。不能立刻就念做'春'，要有放有收。等到一个字完全收了以后，再吐第二个字。不论多快多慢的尺寸，一定要收放清楚。遇到音的工尺是高的，容易听清楚，有些可以不太使狠劲，如果逢到低的工尺就必须使狠劲，愈低的腔愈要使劲。例如像'寻球'时唱的'我只得放大胆四下找寻'的'寻'字，就是音很低，要重唱，否则会使人听不见，而且不好听。唱腔时的任何一个音调，不是直上直下像钢铁一样，要带一种波浪形的水音。这种水音很难掌握，不能太大，大了就有棱有角不圆；太小了使人听上去觉得声音发抖，也不好听。一句唱完了，或是几个字唱完了，将有过门的末一字音，一定要挑起来。例如：'一霎时把前情……'，'一霎时'唱到末一音时要往上挑一点，也不能过火也不能不够。唱腔时一定要注意'抑扬顿挫'。有时像高山流水，有时像珠落玉盘"。"掌握这一切的是思想感情，例如唱四平调'怕流水……'要体会高门大户娇养的小姐得不到心爱的东西的娇嗔。'春秋亭'要带有好奇心的情感。结婚六年以后，出场要有慈母溺爱孩子的感情。'发大水'时要体会一个小姐落了难初次凄凉孤单的心情。二黄慢板'一霎时……'悲哀和悔恨都涌上心头。最后的团圆，见到母亲、丈夫、儿子时的情感，也各有不同，唱出来的调子当然也不一样。总之，每一场有它一场不同的戏，每一句有它一句不同的情绪和含意，要洞悉当时剧中人的思想感情，才能使唱出来的腔动人，否则空乏无味。"

这是多么宝贵的经验啊！这一番话，成为我唱《锁麟囊》和学习先生艺术的要领。

● 小舞台

在京剧曲谱中有各种板式，你能将曲谱中的"板眼"打出来吗？

《珠帘寨》节选

"板－眼……"为二拍子，即一板一眼。京剧声腔的拍板也有规范，一板一眼的原板，板位用掌击，眼位用食指和中指点敲。

《玉堂春》节选

"板－头眼－中眼－末眼……"为四拍子，即一板三眼，内行人也习惯把慢板称为"三眼"，末眼用无名指点敲。

【西皮慢板】 4/4

《御碑亭》节选

"板－板－板……"唱词的第一字位于板上,为一拍子,即有板无眼。

【西皮流水】$\frac{1}{4}$

【闪锤】

唱腔:自幼父母娇生养,盈盈十五嫁王昌。

……

当然,在板式中还有节奏自由、无板无眼的,如"散板""导板"。

五、《春草闯堂》之"行轿"

● **剧情简介**

相国李仲钦之女李半月在丫鬟春草的陪伴下，上华山进香，吏部尚书之子吴独见李半月貌美，上前调戏。义士薛玫庭仗义解危，半月感激薛的救助之恩，又佩服他的高超武功，对其心生好感。吴独在山下打死渔夫，强抢渔女，薛玫庭撞见一时想起，挥剑刺死吴独，为民除害。正逢衙役巡逻至此，为免连累他人，薛主动投案自首。

李半月命春草上街买线，见薛玫庭被衙役绑赴府衙，春草获知原委，顾不上回府禀报小姐，径自赶到府衙。知府堂上，吴母杨夫人倚仗权势，强迫知府胡进下令，欲杖杀薛玫庭。情急之下，春草愤而闯入公堂阻刑。

胡进质问缘由，春草一时情急，谎称薛为相府姑爷。吴母惊讶，胡进亦左右为难，只好将薛玫庭暂且收监。胡进又疑春草有诈，令春草带领，前往相府询问真假。

春草一路磨蹭，筹思对策，胡进急于拿到证据，了结此案，自愿步行，将轿让给春草坐。到了相府，春草说服半月认薛为未婚夫，再设计改动相国书信内容，使薛、李弄假成真，结为夫妻。

● **名段欣赏**

好话说了千千万

【西皮流水】 $\frac{1}{4}$

(台 1̇ . 1̇ | 5 1̇ 6 5 | 3 2 3 | 0 2 3 5 | 6 1̇ 5 6 | 1̇ 0 | 2̇ . 2̇ |

2̇ 7 | 6 7 6 5 | 3 5 6 1̇ | 5 1̇ | 3 . 2 | 1 3 2 1 | 6 1 2 3 |

好话说了千千万，难敌一部女儿篇。尊小姐休埋怨，乘势收兵也不难。既道春草太大胆，由我春草去周旋。待春草到堂前，搬倒葫芦摔倒坛。

我小姐回府来悄悄言讲

【四平调】 2/4

【小锣软夺头开】

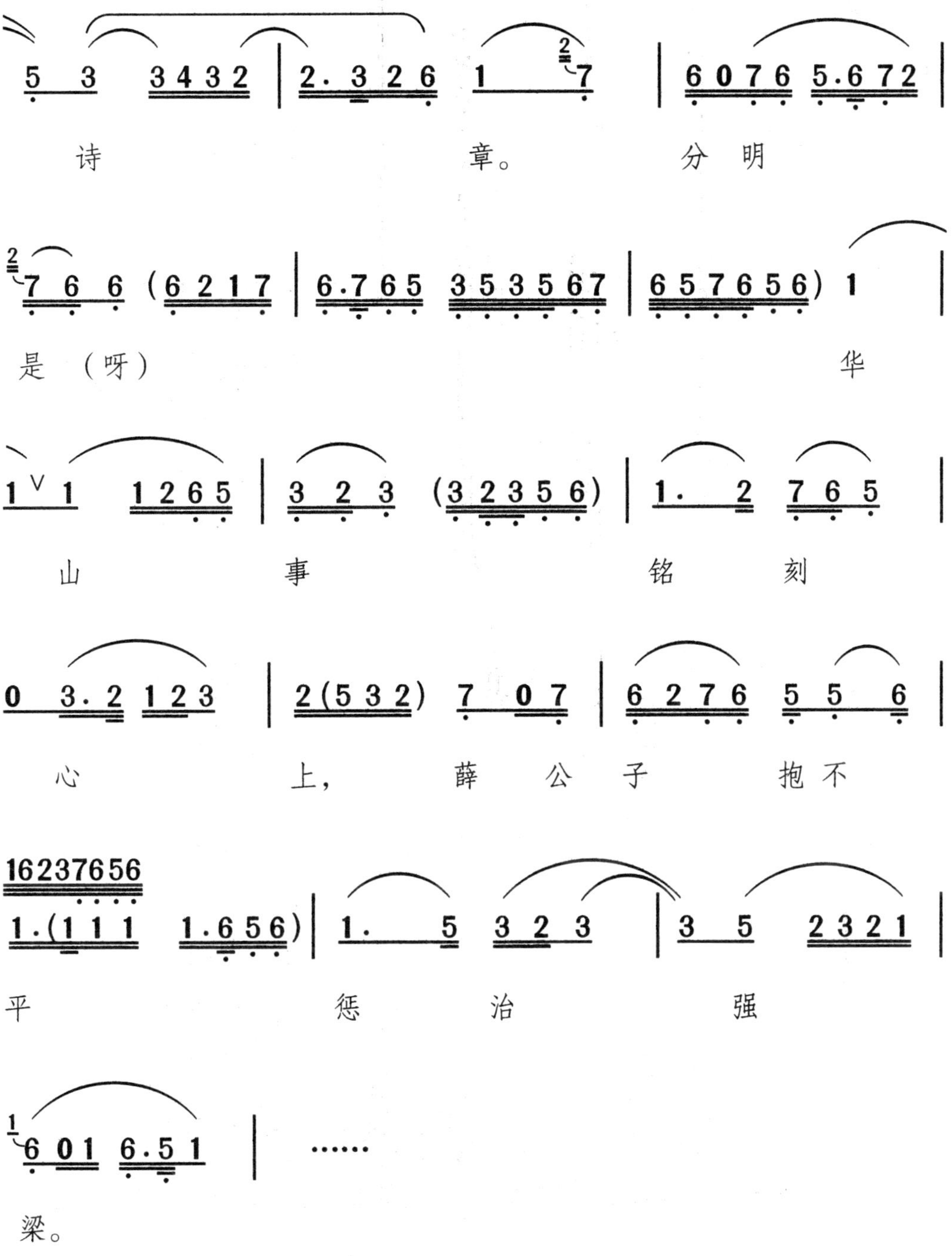

诗　　　　　　　　　　章。　分　明

是（呀）　　　　　　　　　　　　华

山　　事　　　　　铭　　刻

心　　　　上，　薛　公　子　抱　不

平　　　　　惩　治　强

梁。

● 剧本摘录

【第四场】

〔内喊：起轿了！四轿夫抬轿，胡在轿中。走至台中，单腿云步。

胡进（白）春草……

春草（内应）哎！

胡进（白）你快些来呀！

〔春草上场门溜上，眉头紧蹙，满怀心事，踌躇不前。

胡进（白）春草，你怎么还不来呀？（焦急地）

春草（白）我呀，跟不上啦！（有气无力地）

胡进（白）唉，春草，此案关系非小。早去早把事了，别慢慢腾腾。快跑，快跑，快跑！

春草（白）走都走不动了，还跑啦！嫌我慢，你就先去吧！

胡进（白）那如何使得？那如何使得！(自语)嘿！急惊风偏遇着个慢郎中！轿夫们，慢慢抬，等着她。

〔轿子绕舞台后方至小边，春草无可奈何，走近轿旁，最后走至轿前。

胡进（白）春草姑娘，赶上啦！辛苦了！受累了！轿夫们，就请春草前行，你等随后。

轿夫（白）是。（抬轿让路）

春草（白）哦，让我前面起？你们可别嫌慢。

胡进（白）不嫌，不嫌。

春草（白）那么，就走吧！

〔春草移步，轿夫缓缓而行。

胡进（白）轿夫们，你们看哪。春草到底是相府侍女，走起路来扭扭捏捏，多好看哪！（不动声色，故意激将）

春草（白）啊？（赌气地大步向前）

胡进（白）哟！稳着点，稳着点！

〔春草前行，轿子随后；春草紧走一段之后，前事涌上心头。思虑重重，突然后退。抚脚，作痛状，轿子停不住。胡进从轿内摔出，春草蹲地。

胡进（白）哎呀，摔坏了，摔坏了！你们这是怎么抬的轿子？怎么把老爷我给摔出来了？唉，春草姑娘，你怎么歇起来了？

〔四轿夫坐上场门地上，胡进走向春草。

春草（白）嘻！真是吃肉的不知道养猪的艰难，坐轿的哪晓得走路的辛苦！

胡进（白）好了，好了，本府我也给摔出来了。这个轿子，我也不坐了。我和你一同走路，你看可好？

春草（白）你愿意走你就走呗。

〔春草起身。

胡进（白）春草姑娘。

春草（白）大人……你……（四目相对，各怀心事）唉！

胡进【西皮流水】

（唱）流年不利逢大案，

　　　利害逼人往高攀。

　　　远疏吏部亲宰府，

　　　知府无奈这小丫鬟。

春草（唱）弥天大谎急人难，

　　　气走夫人瞒过官。

　　　顾了前来难顾后，

　　　得挨延时且挨延。

胡进（唱）叫声春草你莫挨延。

春草（唱）叫声大人你要耐烦。

胡进（唱）老爷心中急似箭。

春草（唱）春草两腿软如绵。

胡进（白）她葫芦里卖的是什么药？

春草（白）他肚子里打的是什么算盘？

胡进（唱）小刁钻，真难办！

春草（唱）老油滑，太难缠！

〔两人互相往反方向走，然后相互走近。

胡进
春草（唱）我看她（他）……

〔四目相视，半晌。

胡进（唱）她又像真来又似假。

春草（唱）他又是老练又颠顸。

〔两人转身走至台中，又转身走至台口。

胡进（白）不见小姐我难定案哪。

春草（白）见了小姐我难过关哪。

〔春草走至下场口，折返途中胡进跟随。

春草（唱）心纷纷。

胡进（唱）意乱乱。
　　　　　老爷遭了难。

春草（唱）我才遭了难，
　　　　　丫鬟真可怜。（坐下）

胡进（唱）我才算得真可怜。（蹲下）

〔轿夫走向前问胡进,春草蹲下,静场片刻。

轿夫(白)老爷!天不早了,咱们该走了!

〔轿夫退下,胡进走向春草。

胡进(白)春草姑娘,咱们走吧!
春草(白)要走你们走吧,我得歇歇了。
胡进(白)你还要歇上多久?
春草(白)多则一天,少则半夜。
胡进(白)哎呀,你这不成心与老爷捣乱哪!

〔胡进起身,见空轿。

胡进(白)有了。轿儿空在这儿,不如你上得轿去,把你抬到相府,你看好不好呀?

〔春草起身,摆手。

春草（白）不行不行，我不坐。

胡进（白）却是为何？

春草（白）谁不知道这顶轿子是知府大人所坐，我一个小小丫鬟坐在里面，若被别人看见，都道我是个假的，岂不被人笑话吗？

胡进（白）无妨无妨，只要你将这轿帘儿一放，坐在里边稳稳当当。你这个小丫鬟，就变成了大老爷！行人百姓，也就被你蒙过去了。

春草（白）哦？只要这轿帘儿一放，我这个小丫鬟就变成个大老爷，行人们就被我蒙过去了……（背供）咦！要是到了相府，把那湘帘儿一放，让丫头扮成个小姐，不是把他也蒙过去了吗？

胡进（白）啊？你要蒙哪个？

春草（白）坐着轿子进相府，蒙小姐呀。

胡进（白）哦，蒙小姐，好，好。春草姑娘，请上轿吧！

春草（白）如此胡知府！

胡进（白）在，在！

春草（白）伺候了！（眉飞色舞）

胡进（白）喳。

春草【西皮流水】

（唱）一路上害得我愁眉不展，

一句话提醒了春草丫鬟。

知府要把小姐见,

看我蒙过这糊涂官。

请知府暂屈尊听我传唤。

〔胡进指轿,掀轿帘儿,春草上轿。

胡进(白)春草姑娘请上轿。

春草(唱)轻移步上轿来。

〔胡进走到轿前。

春草（白）胡大人！

胡进（白）在！

春草（唱）引道向前。

胡进（白）鸣锣开道啊！

〔正圆场。

胡进（白）为保乌纱稳，一心往高攀。

　　　　哪怕旁人论长短，不痴不聋难做官。

〔胡进绕至轿子后面。

春草（白）今朝好体面，知府做跟班。

　　　　但求救得薛公子，混过一关是一关。

〔胡进撩袍蹉步下坡，下场门下。

〔胡进下场门上，轿子半圆场。胡进蹲下，踢腿上坡，上场门下。

轿夫（白）上坡了！

〔胡进下场门上，翻袖，踢矮子，轿子圆场，胡进跟随轿子后面。

轿夫（白）伙计们，下坡了！

〔轿夫停轿。胡进恭敬地掀帘。全部下场口下。

● **京剧知识加油站**

1. 《春草闯堂》中涉及的行当

花旦：旦角的一种，为青年或中年女性的形象，性格活泼或泼辣放荡，常常带点喜剧色彩。

春草

文丑：丑角的一种，扮演性格滑稽的人物，戴下八字胡，以念白、做功为主。

丑角的表现手段：

插科打诨、嬉笑怒骂，

兼通各行、多元混合，

文武兼备、南腔北调，

方言俚语、无所不能，

抓哏现挂、即兴发挥。

胡进

2. 矮子功

矮子功是丑角的基本功之一，就是把身体蜷起来，蹲着走路，难度很高，因模仿矮子步行而得名。

● **传统文化串串串**

知府相当于现在的什么职位？

"知府"这一官职，是由"知"和"府"两词结合而来。知，即主持、掌管；府作为地方行政单位，其演变经历了一个较长的过程。宋时作为"知某府事"的简称，明代开始"知府"成为正式官名，管辖州县，为府一级的行政长官。清沿明制。

● **名家点睛**

刘长瑜：原名周长瑜，江苏无锡人。第二批国家级非物质文化遗产项目京剧代表性传承人，国家一级演员，首届中国戏剧梅花奖获得者，京剧表演艺术家，中国京剧院旦角演员。

京剧是我们的国粹，它在形成和发展的过程中，吸取了各地方剧种的精华。作为京剧演员，我们不能觉得我们是老大，觉得我们京剧了不起。我们必须尊重各个地方戏的艺术和艺术家，因为京剧艺术的形成也凝聚了很多地方戏曲艺术家们的智慧结晶。地方戏曲多是结合了当地老百姓的风俗、习惯、情感创作的表演形式，非常生动。许多京剧的经典剧目都学习和借鉴了地方戏的成果，如陈素真的《宇宙锋》、马金凤的《穆桂英挂帅》、崔兰田的《对花枪》等。《春草闯堂》中的这段轿舞，就是吸收了豫剧《抬花轿》轿舞中抬轿和坐轿的动作。轿步非常累，脚后跟始终不能沾地。蹲、站，蹲、站……脚后跟一直不能落，因为抬轿子始终是忽忽悠悠的感觉。不仅如此，抬轿和坐轿的人要有默契，抬轿的前面两个人，后面两个人，坐轿的在中间，前进、倒退、上坡、下坡、拐弯，轿形始终要保持不变。

● **小舞台**

1. 数板

数板是丑角念白入门的一种训练方式，只念不唱，有节奏，以板击拍伴奏。无论男生还是女生都可以来尝试一下下面这段数板。

《打城隍》选段

昨晚做了一个南柯梦，

梦见寿星老儿骑着苍蝇。

左手揪着苍蝇的翅，

右手揪着苍蝇的鬃,

嗡嗡飞到半天空。

天上看,满天星,

地下看,燕儿刨的坑,

坑里看,冻着冰,

冰上看,长着松,

松上看,落了个鹰,

松前看,一老僧,

僧前看,有卷经,

屋里看,点着灯,

墙上看,钉着钉,

钉上看,挂着弓。

忽然西北玄天起了风,

刮散了满天星,

刮平了燕儿刨的坑,

刮化了坑里的冰,

刮倒了冰上的松,

刮飞了松上的鹰,

刮走了松前的僧,

刮没了僧前的经,

刮灭了屋里的灯,

刮掉了墙上的钉,

刮翻了钉上的弓。

这才是星散、坑平、冰化、松倒、鹰飞、僧走、经没、灯灭、钉掉、弓翻落了一场空。

2. 丑角表情包

丑角的表情是非常丰富、夸张的，一起来做表情包吧。

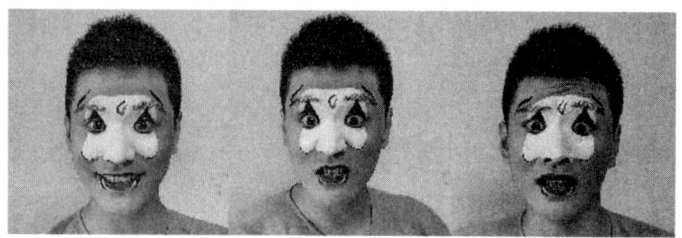

开心　　　　　生气　　　　　害怕

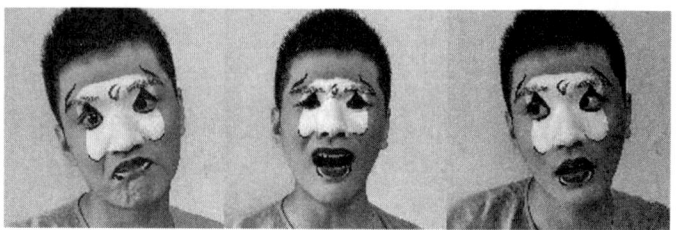

郁闷　　　　　哭泣　　　　　发呆

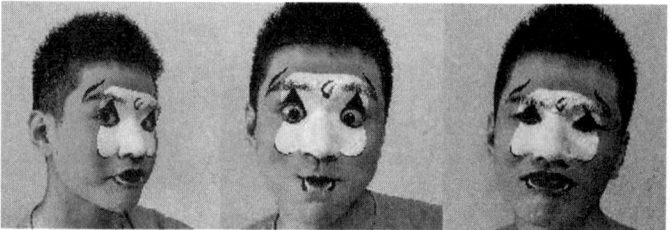

傲慢　　　　　卖萌　　　　　委屈

六、《闹天宫》

● **剧情简介**

《闹天宫》这出戏的故事情节取材自我国古典小说《西游记》。写悟空受封为"齐天大圣",闯进瑶池,吃了蟠桃会上的仙果,又入兜率宫,吞了太上老君的金丹,最后闯出南天门,并打败追捕他的天兵天将。

● **剧本摘录**

〔瑶池,众仙女上场门同上。

众仙女【画眉序】

（唱）结伴跨青鸾,

薄舞珠衣整瑶宴,

〔众仙女半圆场。

趁霞绡云披,

〔两边仙女互换位置后半圆场。

抱月飘烟,

彩云中,

一笑盈盈,

本尽是上清灵眷,

看蟠桃红映胡麻饭,

祝群仙增几多寿算。

〔众仙女下场门同下,孙悟空上场门上,走至台中。

孙悟空【喜迁莺】

（唱）望瑶池祥云笼罩，

见苍松翠柏荫交。

来此已是瑶池，待俺进去。

〔众仙女同下场门上,遇孙悟空。

大仙女（白）你是何人,到此作甚?

孙悟空（白）俺乃心吾大师,应邀赴宴而来。

大仙女（白）为时尚早,请至通明殿暂歇法驾。

孙悟空（白）是,是,是。请问仙姑,今日蟠桃大会,请的是哪些仙佛?

大仙女（白）请的是西天如来佛,南海观世音,五百阿罗汉,上、中、下八洞神仙。

〔孙悟空与众仙女交换位置。

孙悟空（白）听说此会，为的是庆贺齐天大圣，为何不提他的名号？

大仙女（白）哎呀呀，什么齐天大圣，不过是下界妖猴，怎能请他赴会！

孙悟空（白）可恼哇，可恼！

〔众仙女下场门同下，孙悟空转身至正场。

孙悟空【叫头】且住！果不出俺所料，玉帝、金星又来诓骗老孙。真真可恼！

孙悟空（白）俺不免闯进瑶池，大闹一番。正是，轻身闯入瑶池宴，扫尽蟠桃众神仙。

〔孙悟空望瑶池，两个童子分别从两侧上场。

孙悟空（白）来此已是瑶池，里面有两个童儿在此看守，俺不免拔下毫毛，变做瞌睡虫儿，叫他们撞着就睡。

〔孙悟空吹，童子蹲下。

孙悟空（白）两个童儿竟自睡去，待俺闯进瑶池。

〔孙悟空入内，四处张望。

孙悟空（白）进得瑶池，好一派景象也。（接唱）俺可也缘不小，

〔孙悟空站在椅子上。

且饱餐赤麟蹄龙肝凤脑，
有酒在此。
饮琼浆玉液香醪，
饮琼浆玉液香醪。

〔孙悟空豪饮，抛杯盏，抓桃吃桃。

孙悟空（白）哎呀且住，这些东西，俺一时焉能吃尽。有了，俺不免拔下毫毛，变个口袋，通通装将回去，与我那子孙们一同受用。变！

〔孙悟空桌子前跳下，取口袋，装桃果，走至台中。

孙悟空（白）仙桃仙果，尽装在袋儿之内。趁此无人，走了吧。

〔灯暗。变兜率宫景。

孙悟空（白）哎呀！

〔孙悟空后退两步走至鼎前。

孙悟空【刮地风】

（唱）只吃得醺醺潦倒，

眼昏花步乱绕。

〔孙悟空圆场。

孙悟空　　今日个逍遥自在任逍遥，

哪管得旁人语笑嘲。

〔孙悟空抬头一看。

孙悟空（白）兜率宫。怎么闯来闯去，闯到老君这里来了。正要会会这个老头儿，

待我闯了进去。

〔孙悟空入内。

孙悟空（白）老头儿，老头儿！老头儿不见？

〔孙悟空左右寻找。

孙悟空（白）这炉中的火也无有了。哦，哦，是了。

〔孙悟空碎步走至台中。

孙悟空【刮地风】

（唱）莫不是众仙家齐来到，

赴蟠桃把他相邀。

那壁厢隐隐的祥光绕，

〔孙悟空跳上台子，翻跟斗跳下，又跳上。

孙悟空（唱）俺可也向前去细看分晓。

却原来紫金荷玉烛烧，

赤葫芦灿烂光毫！

〔孙悟空摇一摇葫芦，打开葫芦盖儿闻上一闻，甚是醉人。倒出一粒捧在手心，摇一摇，定睛一看。

孙悟空（白）原来是老君炼的金丹！待我吞吃腹内。

〔孙悟空吃金丹。

孙悟空（白）嘿嘿，我想世人呵，

【刮地风】

（唱）得一粒金丹成大道，

俺老孙呵……

只当作炒豆儿嚼一饱，

哎……

炒豆儿嚼一饱。

〔孙悟空吃丹，摇葫芦，跳下台子。

孙悟空（白）无有了。

〔孙悟空扔葫芦。

孙悟空（白）金丹被俺吃得干干净净，趁此无人，走了吧。哈哈……

〔孙悟空背着口袋下，暗场。
〔二郎神率六丁、哮天犬上场门同上，二郎神上场走至台口。

二郎神（白）清虚妙道二郎神，赫赫威名震天庭。凌霄宝殿为上将，奉旨捉拿小猢狲。今有大胆妖猴，大闹蟠桃宴，是我奉了玉帝圣旨，前去捉拿于他。众神将！

六　丁（白）有！

二郎神（白）捉拿妖猴去！

六　丁（白）啊。

〔二郎神率六丁、哮天犬下场门同下。灯暗。

● **京剧知识加油站**

1.《闹天宫》中涉及的行当

武生：戏剧中擅长武艺的角色。武生共分两大类，一种叫长靠武生，一种叫短打武生。长靠武生穿靠，头戴盔，着厚底靴子，一般用长柄武器。短打武生着短装，穿薄底靴，兼用长兵器和短兵器。孙悟空就是短打武生。

孙悟空

中国戏曲里，猴是十分重要的角色。为何如此说呢？因为有猴戏，而无龙戏、虎戏、牛戏、马戏（是杂耍，不是戏曲），由此足见猴之重要。那京剧里的孙悟空是什么行当呢？你可能会说，净，因为孙悟空是勾脸的。非也，孙悟空乃武生。并不是只有净、丑勾画脸谱，生也有勾脸谱的，除武生孙悟空外，还有老生关羽也勾脸，号称红生。

2. 孙悟空的行头

"偷桃"这段孙悟空头戴钻天盔，脚下穿的是猴薄底儿，腰系大带，身穿制度衣。在戏曲中，只有孙悟空穿制度衣。一个最不守规矩，最不受制度管辖的角色竟然穿的是"制度衣"，就像穷困潦倒的书生，穿的满身补丁的衣服，却叫"富贵衣"一样，充分体现了中国人"否极泰来"的思想。

● **传统文化串串串**

不同时期的猴戏的脸谱：

一口钟　　　　　反葫芦　　　　　倒栽桃

在中国，提起孙悟空可谓无人不知、无人不晓。动画片、游戏、电影中的孙悟空造型大多会受戏曲孙悟空造型的影响。在我们的印象中，悟空聪明、机敏、幽默、可爱，然而，吴承恩笔下的孙悟空真的是这个样子吗？

你身躯虽是鄙陋，却像个食松果的猢狲。

——摘自第一回《灵根育孕源流出　心性修持大道生》

祖师道："你虽然像人，却比人少腮。"原来那猴子孤拐面，凹脸尖嘴。

——摘自第二回《悟彻菩提真妙理　断魔归本合元神》

身穿金甲亮堂堂，头戴金冠光映映。手举金箍棒一根，足踏云鞋皆相称。
一双怪眼似明星，两耳过肩查又硬。挺挺身才变化多，声音响亮如钟磬。
尖嘴咨（用同"龇"）牙弼马温，心高要做齐天圣。

——摘自第四回《官封弼马心何足　名注齐天意未宁》

尖嘴缩腮，金睛火眼。头上堆苔藓，耳中生薜萝。鬓边少发多青草，颔下无须有绿莎。眉间土，鼻凹泥，十分狼狈；指头粗，手掌厚，尘垢余多。还喜得眼睛转动，喉舌声和。语言虽利便，身体莫能那（通"挪"）。正是五百年前孙大圣，今朝难满脱天罗。

——摘自第十四回《心猿归正　六贼无踪》

读完这几段文字，你脑中的孙悟空变成什么样子啦？

● **名家点睛**

杨少春： 京剧武生演员。出身梨园世家，曾祖父杨隆寿（梅兰芳的外祖父），祖父杨长喜，父亲杨盛春都是武生演员。师从王金璐、张世麟、李盛斌、厉慧良、袁金凯、黄元庆、徐元珊、王鸣仲学习《林冲夜奔》《长坂坡》《挑滑车》《武松打虎》《蜈蚣岭》等，是高盛麟、王金璐的入室弟子。杨少春学艺勤奋刻苦，

技艺不断精进，很快成长为北京京剧院的武生翘楚，杨门第四代武生的佼佼者。

京剧中的猴戏分为南派、北派。南派（也称悟空戏）以郑法祥、盖叫天、张翼鹏为代表；北派则有杨小楼、李万春、李少春等大家。用最简单的方法区分，就是南派在表演上强调"人学猴"，而北派则强调"猴学人"。南派学猴比较写实，更强调演员要有猴样儿，因此化妆师还会在演员的脸周围粘上毛；北派更为写意，主张猴学人，强调孙悟空既是猴又是神的一面。北派还有一位是河北的"小盛春"先生，他的表演侧重写实，在河北、天津、上海一带影响很大，他的传人董文华先生也深受百姓喜爱。

孙悟空这个角色虽然多由武生演员扮演，但却和一般的武生身法有很大区别。要求"鹰眼、龙身、鸡腿"，演员的胳膊、腿都要蜷着，肩膀要耸着，整体动作幅度比武生要小。演员如果没有扎实的基本功，很容易就学歪了。所以，京剧的其他行当是开蒙越早越好，而猴戏则都要二十多岁才开始学习。我们都知道孙悟空的兵器是如意金箍棒，一般使棍的动作是棍扫一大片，但是孙悟空使棍和武松使棍就有很大不同。金箍棒能大能小，所以在孙悟空手里不全是大扫片的，会有很多使刀和使枪的动作，表现金箍棒这个法宝长、短、粗、细的各种变化。戏中孙悟空和青龙开打的时候，有一个挑刀、扔刀的动作，在传统老戏中，只有神仙打架的时候，兵器才能出手，在空中飞来飞去，代表在斗法。孙悟空的念白也不同于其他武生的念白，具有很明显的跳跃性，透着机灵和调皮。

● 小舞台

很多男孩子小时候都非常喜欢模仿孙悟空，殊不知，京剧中猴子的一戳一站都是非常有讲究的。我们先来一个猴子站。

分解动作1：丁字步站。

分解动作2：蹲腿，前脚的脚跟抬起，呈点脚状。

分解动作 1　　　　　　分解动作 2

分解动作 3：膝盖往里并。

分解动作 4：上身立直、垂肩。

分解动作 5：手一前一后，大臂往里夹。

分解动作 3　　　　　分解动作 4　　　　　分解动作 5

注意，上身和下身始终要有拧的感觉。

做起来是不是很累啊？对着镜子找一找猴子的感觉吧。

七、《三岔口》

● **剧情简介**

见义勇为的旅店主人刘利华,为了救护被奸臣迫害而发配的焦赞,与暗地保护焦赞的杨延昭部将任堂惠发生误会,在深夜中搏斗起来。正当难解难分的时候,刘利华的老婆已把焦赞救出,大家相见,解释误会,同奔三关。

● **剧本摘录**

【第一场】

焦　赞　(内白)趱行哪!

〔解差甲、解差乙、焦赞上场门同上。

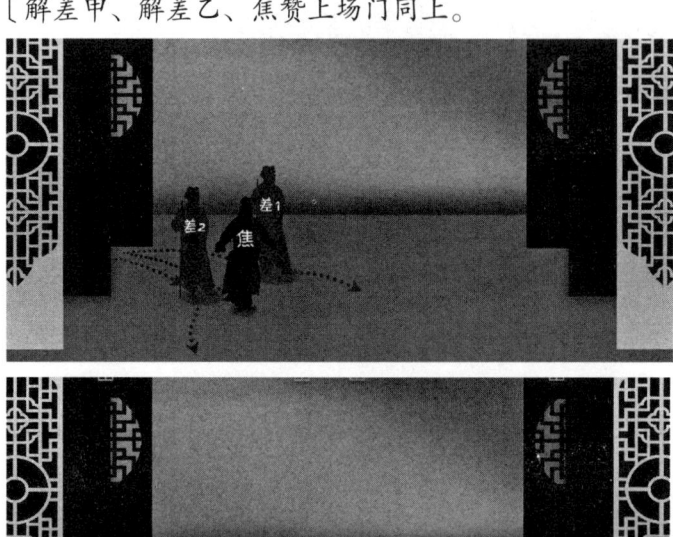

焦　赞（白）恼恨奸贼太猖狂，太猖狂！

〔【扑灯蛾】，正圆场。

焦　赞（白）私通北国害忠良，

　　　　　　要拆毁杨家天波府，

　　　　　　俺焦赞一怒去汴梁，

　　　　　　杀死奸贼谢金吾，

　　　　　　王钦若起了歹心肠，

〔解差甲走上前来，圆场，走至台中。

焦　赞（白）他要杨家尽抵命，

　　　　　　保本多亏八贤王，

　　　　　　将俺发配沙门往，

　　　　　　披枷戴锁，恼胸膛！

〔焦赞手臂一挥，解差甲跌倒。

解差甲（白）嘿！我说焦赞哪，你这是怎么啦？

〔焦赞走到解差甲旁边。

焦　赞（白）将这刑具与俺摘了下去！

解差甲（白）这是朝廷王法，不能摘。

焦　赞（白）你摘是不摘？

解差甲（白）不能摘。

焦　赞（白）呸，着打。

解差甲（白）哎哟！

〔解差甲躲到解差乙后面。

解差乙（白）哎，二爷您哪别生气，伙计，二爷叫你去，你就给去了得了嘛。

解差甲（白）啊，他说去了就去了。

解差甲（白）二爷，这刑具呀，按说是不能去，得嘞，我给您个"瞒上不瞒下"。来来来，我给您摘下来。您松快多了吧？

〔解差甲摘手铐。

焦　赞（白）嗯！来，戴上！

解差甲（白）您瞧这是什么脾气！刚摘下来，又要戴上？

解差乙（白）要戴就给他戴上吧。

解差甲（白）来来来，二爷您再戴上吧。

焦　赞（白）哼！叫你戴上！

解差甲（白）叫我戴上，我没有犯法呀？

焦　赞（白）你戴是不戴？

解差甲（白）这……不能戴。

焦　赞（白）呸，着打！

〔解差乙上前阻拦。

解差乙（白）二爷您别生气，我叫他戴上。伙计，二爷叫你戴，你就戴上嘛！

解差甲（白）啊，他叫我戴，我就戴上？

解差乙（白）别招二爷生气。

〔焦赞给解差甲戴手铐。

解差甲（白）二爷，您瞧这走到街上多不是样儿！

焦　赞（白）这还有个名堂。

解差甲（白）这叫什么？

焦　赞（白）这叫作：解差常把犯人害，自作自受倒发解。

〔圆场。

解差甲（白）唉！二爷，您慢着点哟。

〔解差甲、解差乙、焦赞同下。

【第二场】

〔任堂惠上，走边，反圆场。

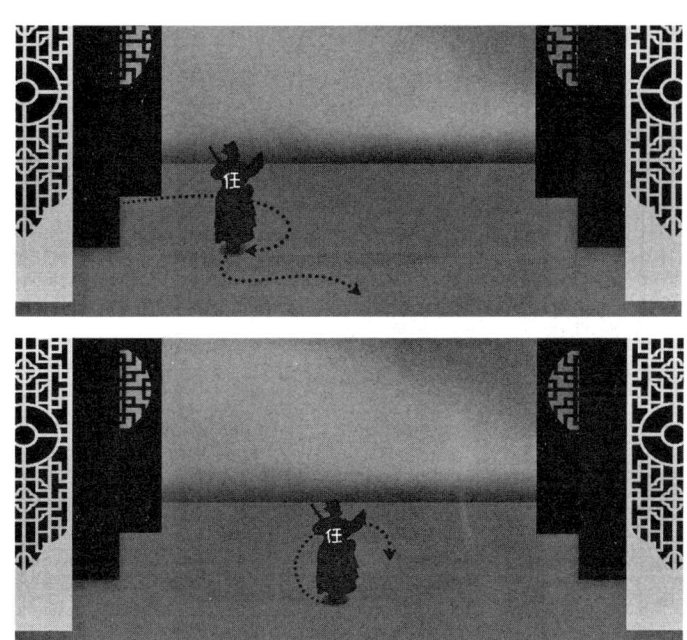

任堂惠（念诗）披星戴月不辞劳，只为当年旧故交。

〔后退。

任堂惠（念诗）焦赞发配沙门岛，暗地保护走一遭。

〔任堂惠圆场。

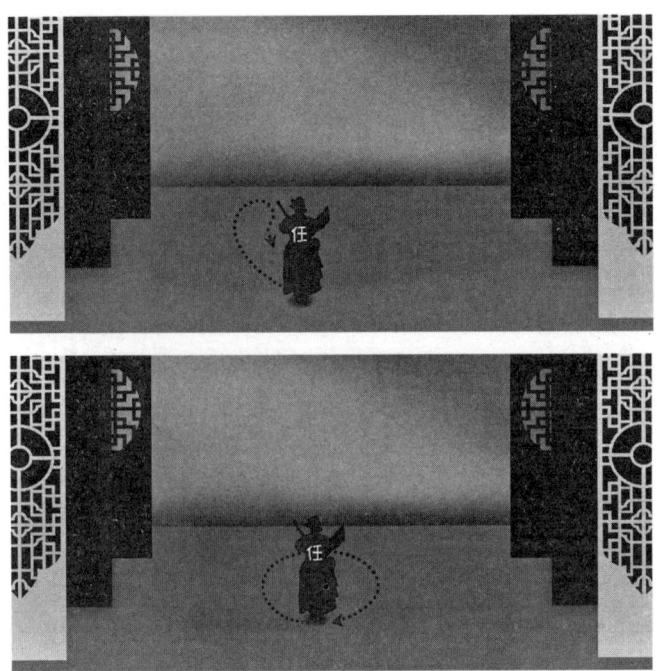

任堂惠（白）俺，任堂惠。只因焦二哥将奸贼王钦若的门婿杀死，发配沙门海岛。是俺乔装改扮，暗地保护焦二哥。看，天时不早，就此趱行者。

〔任堂惠下场门下。

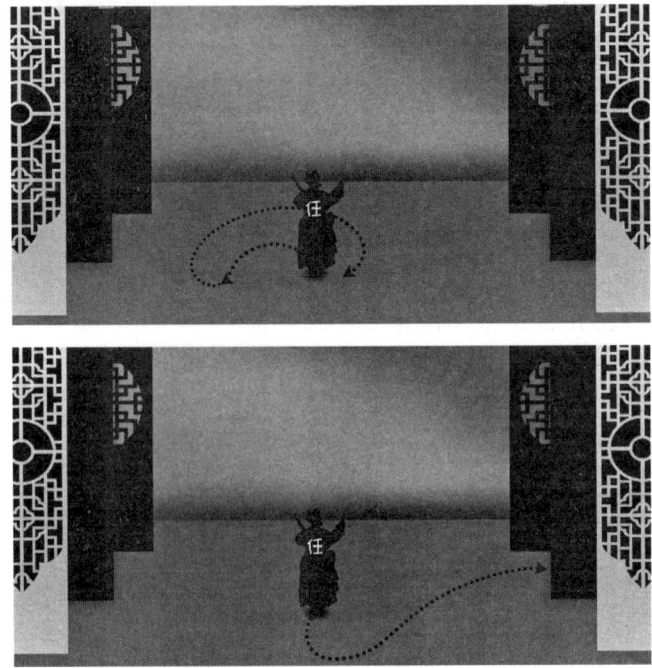

【第三场】

〔刘利华上场门上。

刘利华（白）三岔路口开店房，接待来往旅客商；

好管世间不平事，我一生只为他人忙。

叫老婆。

刘　妻（内白）来啦。

〔刘妻上场门上。

刘　妻（白）做什么？

刘利华（白）快把这门窗桌椅擦个光。

刘　妻（白）我在前面迎宾客。

刘利华（白）我到后店打扫厨房。

〔刘利华往后翻跟斗，刘利华下。焦赞、二解差同上。

解差乙（白）二爷，天不早了，该打店了。

焦　赞（白）向前打店。

解差甲（白）二爷，我戴着这玩意儿打店，与您脸上也不好看哪！您给我摘下来吧！

焦　赞（白）这是朝廷的王法，不能摘。

解差甲（白）这句话在这儿等着我哪！得嘞，二爷，您给我摘下来吧！

解差乙（白）二爷，我们哥俩伺候您一道儿也不容易，给他摘下来得啦！

解差甲（白）对了，您给我摘下来吧！

焦　赞（白）好，我也给你个"瞒上不瞒下"。

解差甲（白）哎哟！这哪是我解着他，简直是他解着我啦！哼，哪儿有店呢！哎，这儿有个大嫂，问她一声。

〔解差甲见刘妻。

解差甲（白）大嫂子，请问哪儿有店呀？

刘　妻（白）怎么，出门儿没带着眼睛吗？这儿就是店。

解差甲（白）二爷，这儿就是店。

焦　赞（白）进去。

刘　妻（白）三位客官，用些什么酒饭？好来准备。

焦　赞（白）前途用过了。

刘　妻（白）那么一处安歇，两处安歇？

解差甲（白）一处安歇。

焦　赞（白）两处安歇。

解差甲（白）哎，二爷，一处安歇热闹。

焦　赞（白）两处安歇。

解差乙（白）伙计，二爷说两处安歇，就两处安歇吧。

解差甲（白）好。

刘　妻（白）好，客官请随我来。

〔刘妻引路，焦赞、刘妻下场门同下。

〔解差乙向解差甲耳语。

解差甲（白）嘿，伙计，两处安歇，今儿晚上咱们怎么杀他呀！

解差乙（白）咳，你别嚷啊！别着急，临出门儿的时候，我带着包毒药，吃饭的时候给他下在里头，把他药死，不就算完了吗？

解差甲（白）嘿，真有你的啊。

解差乙（白）叫店婆子。

解差甲（白）店婆子！

〔刘妻在外偷听，闻声进入。

刘　妻（白）来啦！

解差甲（白）你把那个黑大个儿搁哪儿了？

刘　妻（白）正房偏东那屋里头。

〔刘妻有意识地说。

刘　妻（白）哎，我说二位，刚才这个黑大个儿是谁呀？

解差甲（白）哟，你连他都不认识，他就是三关的上将焦赞哪！

刘　妻（白）噢，他就是三关上将焦赞哪！

解差乙（白）这会儿呀，得听我们哥儿俩的啦！

刘　妻（白）他犯了什么法了？

解差甲（白）哎，你打听这个干什么呀？

刘　妻（白）没什么。

解差甲（白）我们在哪儿睡？

刘　妻（白）你们跟我来。

解差甲（白）带路。

〔刘妻引路，开门，解差甲、解差乙同进门。

解差甲（白）哎，店婆子，打壶好酒给我们哥儿俩送来啊。

刘　妻（白）知道啦。

刘　妻（白）哎呀，且住！适才听那两个解差之言，要暗害焦赞，待我与大郎商量，搭救与他便了。

〔刘妻下场门下。

【第四场】

〔任堂惠上场门上。

任堂惠（白）三岔路口，有一店房，待俺问来。店家，店家，店家！

〔刘利华下场门上，两人走至台中。

刘利华（白）客官，住店的吗？

任堂惠（白）店家，俺来问你，三关上将焦赞可住在你这店中？

刘利华（白）焦赞？啊，您是找人的。

任堂惠（白）正是。

刘利华（白）啊，我这儿没住着这么个焦赞。我看你到前边打听打听。

任堂惠（白）转来！

刘利华（白）我跟你说过了，他没有住！

任堂惠（白）俺要住店，可有清静的房屋？

刘利华（白）噢，您要住店，请吧。

〔刘利华、任堂惠同进门。

任堂惠（白）店家！

刘利华（白）哎，来啦。用些什么？

任堂惠（白）店家，您可曾看见有两个解差，押解一个黑脸大汉，从这店前经过？

刘利华（白）啊，两个解差，押着个黑脸大汉，这个黑脸大汉姓什么，叫什么，您知道吗？

任堂惠（白）他就是焦赞。

刘利华（白）我说客官，您认识这个焦赞吗？

任堂惠（白）不相识。

刘利华（白）那你三番两次地打听他干什么哪？

任堂惠（白）怎么，问不得？

刘利华（白）哎，问得，我没瞧见。嘿嘿，用什么东西您哪？

任堂惠（白）明灯一盏。

刘利华（白）是啦。

〔刘妻上，刘利华走到妻子旁边。

刘利华（白）咳，刚来这个人背插钢刀，神色可疑，三番两次地打听焦赞，可他又说不认识焦赞，我看这个人一定跟那两个解差是一块儿的。

刘　妻（白）那怎么办呢？

刘利华（白）不要紧，今儿晚上，你收拾那俩解差，我对付这个小子。

刘　妻（白）小心。

刘利华（白）知道。

刘利华（白）灯到。还用什么您哪？

任堂惠（白）店家，天时不早，各讨方便吧。

〔刘利华擦桌子。

刘利华（白）是啦，走啦。

任堂惠（白）你与我走！

刘利华（白）是啦。

〔刘利华出门，任堂惠旋转回。

任堂惠（白）此人神色可疑，莫非俺住了黑店？待俺搜店便了。

〔刘利华下场门上，任堂惠巡视，睡下。刘利华欲拨门。

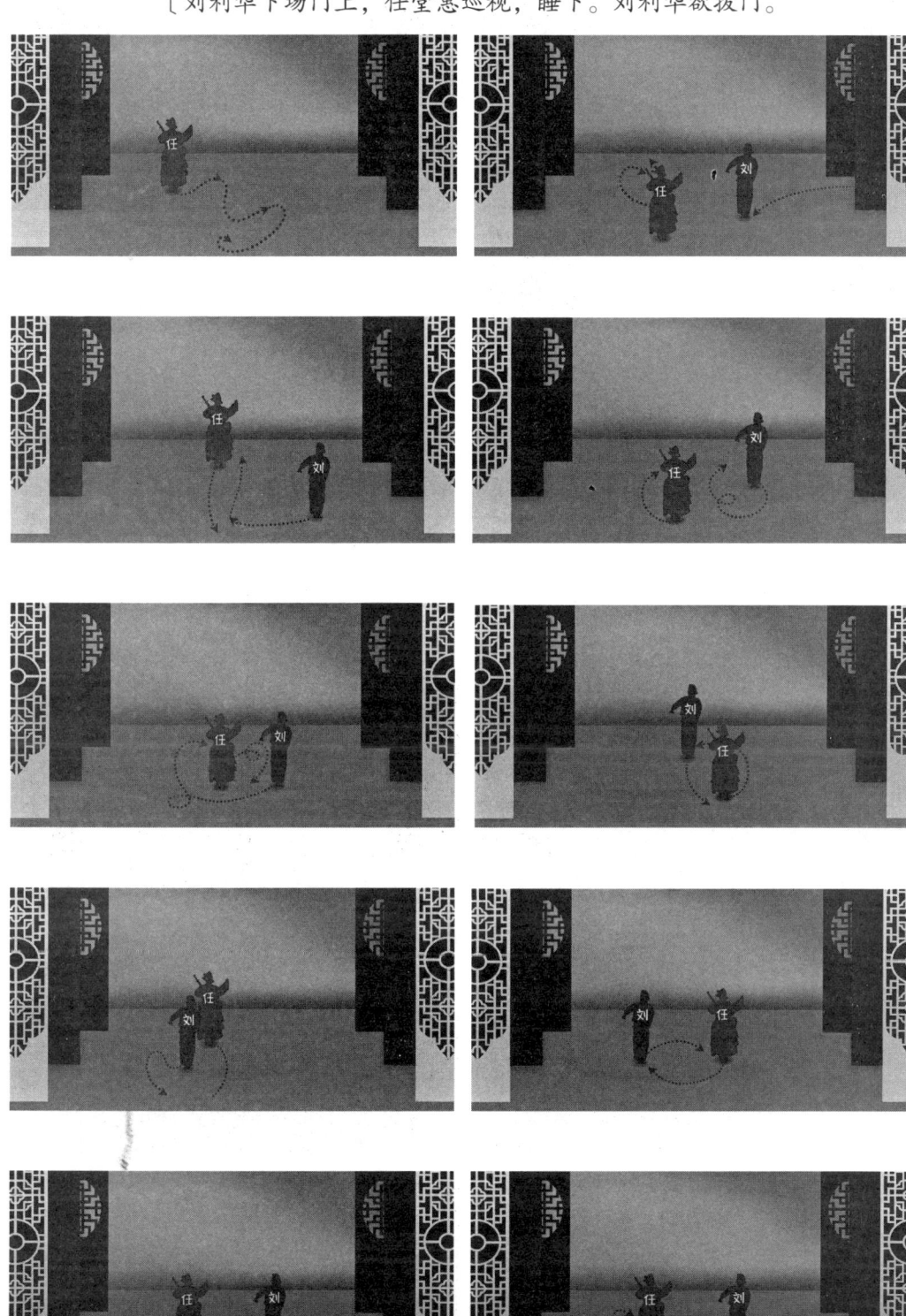

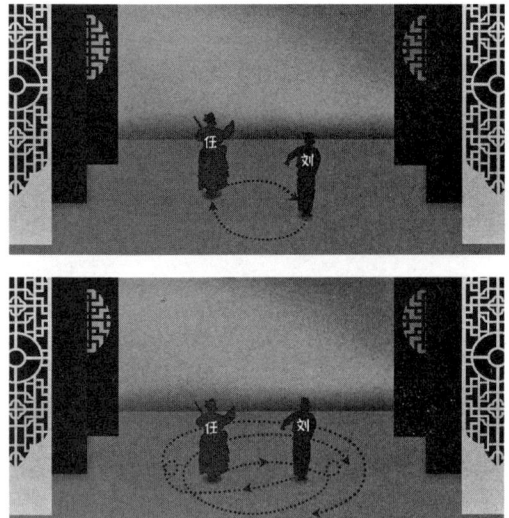

〔刘利华拨门，进门，摸索。任堂惠惊觉，二人展开搏斗。正在难解难分时，焦赞、刘妻同上，黑暗中任堂惠与焦赞、刘利华与刘妻互相扭打。

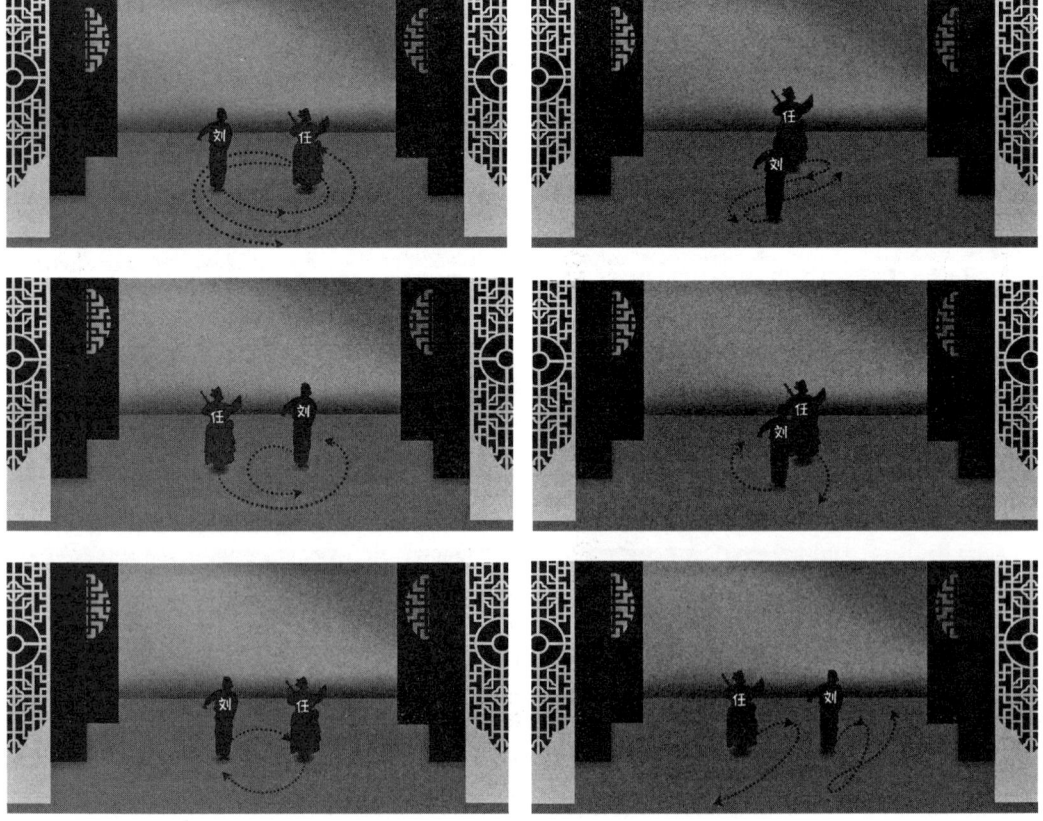

第二章　戏曲里的中华文化基石

焦　赞（白）且慢，这是三关上将任堂惠任将军。

刘利华（白）任将军？

焦　赞（白）这是搭救愚兄的恩人刘利华夫妇！

任堂惠（白）噢，原来是俺二哥的救命恩人。任堂惠失敬了哇！

刘利华（白）不敢当！不知道是任将军到了，多有得罪。

任堂惠（白）岂敢。你夫妻如此仗义，真乃难得！啊，刘仁兄，解差呢？

刘　妻（白）我把他们杀了。

任堂惠（白）杀得好！杀死解差，你夫妻在此多有不便。

焦　赞（白）何不同到三关？

刘利华（白）二位言之有理，请至后店一叙。

任堂惠（白）二哥请哪！

焦　赞（白）请。

〔众人同下。

● **京剧知识加油站**

1.《三岔口》中涉及的行当

短打武生：和孙悟空一样，任堂惠也是短打武生。头戴软罗帽，身穿抱衣、抱裤。同样是短打武生，孙悟空穿的是打衣、打裤，武松穿的则是侉衣、侉裤，都是非常轻便的造型。短打武生背后往往背有带鞘的剑或者刀，表现轻装简行。任堂惠的道袍系起来，表现人物要赶路，这样穿着方便行走。不同于长靠武生的稳重、端庄，短打武生动作灵活、敏捷，多表现英雄好汉、绿林豪杰。

武丑：和《探谷》中的张彪比起来，刘利华的武丑形象更为典型。他身穿黑色侉衣、侉裤，上绣蝙蝠或者蝴蝶，暗示这个人身手敏捷、轻盈，黑色代表夜行衣。刘利华出场时身上还穿了一件坎儿，代表是白天店家的形象。刘利华的脸谱也是"俊状"，由于他是一个正面的绿林英雄人物，所以脸中的"豆腐块"画成了枪尖的形状。

任堂惠

刘利华

2. "茨菰叶"与"英雄胆"

你们有没有发现，任堂惠和刘利华头上有两个装饰非常特别。任堂惠帽子中间黑色形状的装饰叫"茨菰叶"。茨菰叶因为形状像箭头、剪刀，又叫"英雄尖"，戏曲中的武生经常会佩戴，表现这个人身怀武艺。评书里也用"额前倒插三尖茨菰

茨菰叶也叫剪刀草

叶"来形容侠客打扮。任堂惠和刘利华头上都戴了一个绒球,这个绒球叫"英雄胆",也叫"英雄球",表现英雄豪侠的正气。

● **传统文化串串串**

《三岔口》同样是杨家将的系列故事。戏中在历史上能够找到踪迹的只有焦赞。《元史》卷一百五十三《焦德裕传》记载:"焦德裕字宽父,其远祖赞,从宋丞相富弼镇瓦桥关,遂为雄州人。" 焦赞是焦德裕的远祖,可见历史上确有焦赞其人。相传,焦赞是坚州砂河(今山西省繁峙县砂河镇)人,北宋后期富弼手下一员猛将,也是抵抗辽军的北军将领,焦赞墓在今天河北雄县。在杨家将的故事中,焦赞是追随杨延昭的猛将,同孟良并称,抗辽有战功,长久镇守瓦桥关(在今河北雄县西南),名望颇高。他和孟良等是杨家将的左膀右臂,是一位闻名河北的抗辽勇将。

与孟良、焦赞有关的戏曲有《洪洋洞》《打焦赞》《穆柯寨·穆天王》《三岔口》等。《三岔口》作为全国各地京剧院的保留剧目,一直久演不衰。这部剧随着时代的变迁,也从老《三岔口》演变到新《三岔口》。我们现在这代人应该对老《三岔口》不太了解,这部戏起初虽然只是北方的开锣小冷戏,却在剧中齐聚了武生、武丑、武花和武旦,在川剧、汉剧、秦腔、豫剧和河北梆子中都有类似剧目。在新《三岔口》的剧情中,正邪恶战改为了好汉之间因误会交战,剧中武花和武旦的戏也删掉了。老戏中,刘利华是个真正的黑店老板,是个反面人物,所以扮相和新《三岔口》也有很大区别。如图,是不是善恶一看便明?

● **名家点睛**

张春华（1924 — 2019）：武丑泰斗，京剧表演艺术家，中国京剧院武丑演员。

"摸黑开打"是全剧的核心，也为演员提供了充分发挥戏曲虚拟表演的余地。戏曲的虚拟表演必须以生活为基础，离开了生活的表演，是虚假的表演……强烈灯光照射下的舞台，岂亚于白昼？所有的一切，明明尽收演员眼底，却偏要表现出"目中无物"，而且要诱发观众的联想，使他们确实相信演员什么也没看见……我认为，演员摸黑的虚拟动作，必须有在黑夜的生活体验，他的摸黑动作才可能令人产生真实感，他也才可能知道应该如何在自己创造的环境中去生活。戏剧界有句老话："一身之艺在于脸，一脸之戏在于眼。"我在演这场戏时，就紧紧抓住眼神的运用，做出"以耳代目"的神情，凝神倾听对方动静，钢刀劈砍的风声，脚步移动的摩擦声，甚至轻微的呼吸声，稍有响动，立即转身，用耳捕捉，用茫然的目光搜索。这里如有丝毫不慎，流露出看到人和物的目光和动作，则会破坏艺术的完整性。

● **小舞台**

玩一玩摸黑找人、摸黑找物的小游戏。在老师和同学的保护下，同学们可以两两一组，模拟在黑暗中找人或找物品的情景。

1. 摸黑找人

首先找一个相对空旷的环境，规定好活动范围（不要太大）。老师用眼罩把A同学的眼睛蒙好，确定不漏光后，让他原地转三圈，再让B同学找地方安静地站好。下令开始后，A同学摸索着去找B同学。B同学被找到后，游戏结束。

规则及要领：所有人不得出声，A同学要尽量用耳朵听B同学的呼吸，以及可能发出的任何声响，寻找B同学的位置。当A同学靠近B同学时，B同学不可以离开原位，但可以做蹲下、单脚离地等动作。

游戏结束后，A同学要和同学们分享他摸黑找人的感受。同学们也可以描述一下他摸黑找人时的动作特点。

2. 摸黑找物

同样是摸黑寻找，由于物品放置的位置和大小不一样，加之物件不能发出声音，使得摸黑找物和摸黑找人有很大不同。老师可以设定寻找一样小型物品，比如杯子、手表等，再设定寻找一个大一点的物件，比如桌椅、书包等，指导同学对比着进行尝试。

游戏要领：仔细分辨由于寻找对象不同而带来的动作变化，并把这些动作的共同特征进行梳理，这也是这个游戏的重点。

八、《空城计》

● 剧情简介

　　三国时期，魏蜀交兵，诸葛亮派马谡镇守要塞街亭，不料马谡刚愎自用，不听诸葛亮之言，街亭失守。司马懿乘胜追击，带领大军攻打西城，此时的蜀兵都被调遣至城外，西城空虚。诸葛亮临危不惧，作空城之计，城门大开，自领琴童二人，稳坐城楼，酌酒抚琴。疑心重的司马懿见此不敢进城，遂领兵退至四十余里外。诸葛亮随即调派赵云等人镇守西城，而自回汉中。

● 名段欣赏

我正在城楼观山景

【西皮二六板】 $\frac{2}{4}$

【夺头】(6 2 | 1) 2 | 6 5 3 5 | 6 2 1 2 | 2 (3 1 2) |
　　　　　　　　　　我　正　在　　城　楼

3 2 5 | 3 2 1 2 3 | ³⁵3 2 (1 6 1) 2) 5 | 7 6 5 |
观　山（哪）　　景，　　　　　　耳　听　得

3 6 5 (6 | 5) 5 | (5 6) 1 | 1 (6 2 | 1) 1 |
城　外　　乱　　纷　　纷；　　　　旌

3 5 3 | 6 ⁷6 | 3 (6 5) | 3 2 3 | 3 2 1 2 3⁵ |
旗　招　展　　　　空　翻（哪）

166

我本是卧龙岗散淡的人

【西皮慢三眼】

$\underline{2\ 5}\ \underline{1\ 3}\ \underline{5\ 1}\ \underline{6\ 5}\ |\ \underline{3\ \dot{6}}\ \underline{3\ 5}\ \underline{1\ 3}\ \underline{5\ 1}\ |\ \underline{2\ 3}\ \underline{5\ 1}\ \underline{6\ 5}\ \underline{3\ 2}\ |$

$\underline{1\ 2}\ \underline{3\ 5}\ \underline{\dot{6}\ \underline{1\ \dot{3}\ \underline{6}}\ \underline{5\ 1}}\ |\ \underline{2\ 3}\ \underline{5\ 5}\ \underline{2\ 1\dot{6}}\ \underline{1\ 2}\ |\ \underline{\dot{7}\ \underline{6}\ 1}\ \underline{2\ 3\ 5\ 1}\ \underline{3.\ 2}\ \underline{1\ 2\dot{6}}\ |$

$1\ \underline{\underline{\dot{6}\ \dot{6}}})\ \underline{3\ 2}\ 5\ |\ \underline{3\ 2}\ 1\ (\underline{6\ 4}\ \underline{3\ 2\ 1})\ |\ \underline{2\ \underline{1\ 5}}\ \underline{2\ 1}\ 3\ 2\ |$
　　　凭　阴　阳　　　　如　反　掌

$(\underline{2\ 3}\ \underline{5\ \dot{7}}\ \underline{\dot{6}\ 1}\ 2)\ |\ \underline{\dot{7}}\ \underline{\underline{6\ 5}}\ \underline{\dot{5}}\ \underline{\underline{6.\ 5}}\ |\ \underline{\dot{5}}\ (\underline{5\ 6})\ \underline{5.\ \dot{6}}\ |$
　　　　　　　　保　定　　　　　乾

$1\ -\ \overset{\frown{\dot{6}}}{1}\ -\ |\ ......$
坤。

● 剧本摘录

【第一场】

〔诸葛亮偕二琴童上场门同上，琴童走至台两边，诸葛亮走至台口。

诸葛亮（白）兵扎祁山地，要擒司马懿。

〔诸葛亮转身归座，旗牌从上场边上。

旗　牌（白）人行千里路，马过万重山。

　　　　　　门上哪位在？

琴童甲（白）什么人？

旗　牌（白）献图人求见。

琴童甲（白）候着。

　　　　　　启禀丞相：献图人求见。

诸葛亮（白）传。

琴童甲（白）丞相传你，随我进来。

旗　牌（白）是。

　　　　　　参见丞相。

诸葛亮（白）罢了，你奉何人所差？

旗　牌（白）奉王将军所差，地理图呈上。

诸葛亮（白）展开！

〔旗牌将图递给琴童，琴童二人展开地图，诸葛亮看图，随后琴童走

　至八字椅两边。

诸葛亮（白）命你速到列柳城，调赵老将军回营，不得有误。快去，快去！

旗　牌（白）得令！

〔旗牌上场门下。

诸葛亮（白）啊！好一个大胆的马谡哇！临行之时，怎样的嘱咐与你，叫你靠山近水安营扎寨，怎么你偏偏在山上扎营？哎呀，只恐街亭难保。

〔探子上场门上。

探　子（白）报！王平、马谡失守街亭。

诸葛亮（白）再探！

〔探子上场门下。

诸葛亮（白）如何？果然把街亭失守了。虽然马谡失守街亭，乃诸葛之罪也！

〔探子上场门上。

探　子（白）报！司马懿领兵，往西城而来。

诸葛亮（白）再探！

〔探子上场门下。

诸葛亮（白）唔呼呀！司马懿居然带兵夺取西城来了。哎！曾记得先帝爷白帝城托孤之时，言道：马谡言过其实，终无大用。悔不听先帝之言，今日错用马谡，失守街亭，悔之晚矣！

〔探子上场门上。

探　子（白）报！司马懿大兵，离西城不远。

诸葛亮（白）再探！

探　子（白）得令！

诸葛亮（白）啊！司马懿的大兵，来得好快呀！人言司马用兵如神，今日一见，令人可敬哪！令人可服！

〔诸葛亮起身往台中走。

诸葛亮（白）哎呀，且住！我将西城的兵将，俱已调遣在外。所剩下的都是些个老弱残兵。司马懿兵临城下，难道叫我束手被擒？这束手被擒！

〔诸葛亮向下场边走两步。

诸葛亮（白）传老军们进见。

琴童甲（白）是。老军们进见。

〔二老军同上场门上，诸葛亮转身归座。

老军甲（白）司马兵到，

老军乙（白）心惊肉跳。

老军甲（白）见了丞相，

老军乙（白）急忙跪倒。

二老军（白）参见丞相。

〔二老军跪见诸葛亮。

诸葛亮（白）你们是西城的老军么？

二老军（白）正是。

诸葛亮（白）命尔等将四门大开，打扫街道，那司马懿兵临城下，尔等不可惊慌浮躁，违令者斩！

二老军（白）是。

〔二老军下场门下。

老军甲（白）丞相吩咐我，

老军乙（白）准死不能活。

诸葛亮（白）来。

二　童（白）有。

诸葛亮（白）带了瑶琴，城楼去者。

二　童（白）是。

〔诸葛亮起身走至台口。

诸葛亮（白）天哪，天！汉室兴败，就在这空城一计了！

〔两琴童抱琴走至台口两侧，琴童两侧撤下。

诸葛亮【西皮摇板】

（唱）我用兵数十年从来谨慎，

错用了小马谡无用之人。

无奈何设空城计我的心神不定，

望空中求先帝大显威灵。

〔诸葛亮下场门下。

【第二场】

〔司马懿大军上场门走至幕前两侧，司马懿上场门上，走至台前。

司马懿【西皮摇板】

（唱）我料那诸葛亮难以逃遁，

〔司马懿走至台中。

司马懿【西皮流水】

（唱）今日里领人马暗夺西城。大队人马一直朝前哪进，

〔大队人马下场门下。

司马懿【西皮摇板】

（唱）生擒活捉诸葛孔明。

〔司马懿下场门下。

〔二老军城门同上，同打扫街道，随后二琴童、诸葛亮城门同上。

诸葛亮【西皮摇板】

（唱）恨马谡失街亭令人可恨，

　　　这时候倒叫我难以调停。

老军甲（白）我说咱们丞相大概是老糊涂了吧？司马懿的大兵到此，不把四门紧闭，反将四门大开,这就是叫咱们去送死嘛!

老军乙(白)可说的是啊!

诸葛亮(白)嗯!

诸葛亮【西皮摇板】

(唱)问老军因何故纷纷议论?

二老军(白)非是小人纷纷议论,司马懿兵临城下,叫小人们有点担惊害怕呀!

诸葛亮【西皮摇板】

(唱)国家事用不着尔等劳心。

二老军(白)虽然说国家事用不着小人们劳心,可是这西城乃是通汉中咽喉要路,须得拿个准主意才好啊!

诸葛亮【西皮摇板】

(唱)这西城地原本是咽喉路径,
我城内早埋伏有十万神兵。

〔诸葛亮转身走到后方。

老军甲(白)怪不得丞相不慌不忙的,原来城里头埋伏有十万神兵呢!伙计,你瞧瞧去。

老军乙(白)我去瞧瞧。

哎,伙计,这里三层外三层,我一个也没看见。

老军甲(白)你肉眼凡胎,怎么能看得见哪!

〔诸葛亮走回台前。

诸葛亮【西皮散板】

（唱）叫老军扫街道把宽心放稳。

二老军（白）是。扫喽扫喽！

〔诸葛亮二琴童同进城门，上城，二老军坐在城门口。

诸葛亮【西皮散板】

（唱）退司马保空城全仗此琴。

司马懿【西皮导板】

（内唱）大队人马奔西城。

〔四龙套、司马懿、司马师、司马昭同上场门上。

司马懿（夹白）啊！

【西皮散板】

（唱）为何大开两扇门？

（白）且住！适才探马报道：西城乃是空城。老夫兴兵至此，为何四门大开？唔呼呀！想是诸葛亮又在那里弄鬼，不要中了他人之计。众将官，听我一令！

【西皮流水板】

（唱）坐在马上传将令，

　　　　大小儿郎听分明：

　　　　哪一个胆大把西城进，

　　　　定斩人头不徇情！

诸葛亮【西皮慢板】

　　（唱）我本是卧龙岗散淡的人，

　　　　凭阴阳如反掌保定乾坤。

　　　　先帝爷下南阳御驾三请，

　　　　算就了汉家帝业鼎足三分。

　　　　官封到武乡侯执掌帅印，

　　　　东西战南北剿博古通今。

　　　　周文王访姜尚周室大振，

　　　　汉诸葛怎比得前辈的先生。

　　　　闲无事在敌楼我亮一亮琴音，

　　　　哈哈哈！（抚琴）

　　【西皮原板】

　　（唱）我面前缺少个知音的人。

司马懿【西皮原板】

　　（唱）有本督在马上观动静，

　　　　诸葛亮在城楼饮酒抚琴。

　　　　左右琴童人两个，

　　　　打扫街道俱都是老弱残兵。

　　　　我本当传将令杀进城——

四龙套（白）杀！

司马懿（夹白）杀不得！

　　【西皮流水板】

　　（唱）又恐怕中了巧计行。

勒住丝缰把话论，

尊声南阳诸葛孔明，

任你设下千般计，

棋逢对手一般平。

诸葛亮【西皮二六板】

（唱）我正在城楼观山景，

耳听得城外乱纷纷。

旌旗招展空翻影，

却原来是司马发来的兵。

我也曾差人去打听，

打听得司马领兵往西行。

一来是马谡无谋少才能，

二来是将帅不和失街亭。

你连得三城多侥幸，

贪而无厌又夺我的西城。

诸葛亮在敌楼把驾等，

等候你到此哪，谈、谈谈心。

西城的街道打扫净，

预备着司马好屯兵。

诸葛亮无有别的敬，

早备下羊羔美酒犒赏你的三军。

既到此就该把城进，

为什么犹疑不定、进退两难，为的是何情？

左右琴童人两个，

我是又无有埋伏又无有兵。

你不要胡思乱想心不定，

你就来，来，来，请上城来听我抚琴。

司马懿【西皮摇板】

（唱）左思右想心不定，

城内必有埋伏兵。

司马师（白）爹爹！趁此机会杀进城去，活捉那孔明。

司马懿（白）呸！小小年纪晓得什么？诸葛亮一生谨慎，从不弄险。你我父子若杀进城去，必被他擒。不必多言，将前队改为后队，人马倒退四十里。

〔众将兵上场门下。

司马懿（白）待我说破于他。诸葛亮啊孔明！你实城也罢，空城也罢，老夫拿定主意不进城，请了！请了！

〔司马懿上场门下。

二老军（白）司马大兵倒退四十里呀！

〔诸葛亮下城,与琴童上场门同上。

诸葛亮【西皮散板】

（唱）人言司马善用兵,

到此不敢进空城。

诸葛从来不弄险,

险中又险显才能。

〔幕布拉开,四蜀兵、赵云同上场门上,诸葛亮、琴童转身走至台口。

赵　云（白）参见丞相!

诸葛亮（白）老将军回来了。适才司马带领人马夺取西城,被我空城之计将他诈走,他必然复夺西城,老将军要速速抵挡一阵。

赵　云（白）得令。带马!

〔赵云、四蜀兵同下场门下。

诸葛亮（白）正是：虎在深山走兽远，蛟龙得水又复还。

险哪！

〔诸葛亮下场门下。

●京剧知识加油站

《空城计》中的行当

诸葛亮在京剧表演中属于老生行当，指的就是中年男子的人物形象。诸葛亮在剧中主要以唱为主，所以叫作"唱工老生"，也称"安工老生"。为什么也叫安工老生呢？在舞台表演中，人物的动作比较少，幅度比较小，要保证唱的时候沉着安稳，因此得名"安工老生"。

不知道大家有没有注意到诸葛亮那长长的胡须？那标志性的胡子也让老生行当叫作"须生"。其实胡

诸葛亮（唱工老生）

子在京剧中有个专业名词叫作"髯口",老生基本是戴三绺胡子,黑胡子叫作"黑三",一般是壮年的老生角色佩戴;花白的胡子叫作"黪三",大多是中老年的角色佩戴;白色胡子叫作"白三",则是老年角色佩戴。

● **传统文化串串串**

京剧《空城计》千百年来让众人津津乐道,这部戏出自元末明初罗贯中《三国演义》的第九十五回:"'……如魏兵到时,不可擅动,吾自有计。'孔明乃披鹤氅,戴纶巾,引二小童携琴一张,于城上敌楼前,凭栏而坐,焚香操琴。"讲述的是诸葛亮临危不乱直接"吓"退了司马懿大军。司马懿生性多疑,诸葛亮正是利用司马懿的这一点成功驻守西城,这也造就了《三国演义》中一个精彩的计谋。

事实上,这个计谋,历史上诸葛亮并没有实施过,罗贯中在书中注解了空城计的故事,是根据《三国志》裴松之注"郭冲三事"改编的。在街亭之战之时,司马懿人远在洛阳,和诸葛亮对战的是张郃,司马懿攻克孟达后回驻宛城,距离西城相隔千里,诸葛亮见街亭失守,即刻撤回汉中,所以空城计的故事本身就是虚构的。

《三十六计》是中国古代研究兵法战略的兵书,这部戏中的空城计是《三十六计》中的第三十二计。空城计作为一种试探性的心理战术,在战争难分伯仲的情况下可以混淆敌人。其实在三国时期,有其他人用过空城计,你知道他们的空城计是怎样做的吗?

● **名家点睛**

李剑: 中国戏曲学院附属中等戏曲学校表演科副主任、京剧表演专业(老生行当)教师。

主演代表剧目:《四郎探母》《红鬃烈马》《赵氏孤儿》《审头刺汤》《游龙戏凤》《打渔杀家》《问樵闹府·打棍出箱》《击鼓骂曹》《乌龙院》《杨家将》《失空斩》《法场换子》《定军山》《镇潭州》《一捧雪》《伐东吴》《三娘教子》《马鞍山》等。

《空城计》是《失空斩》中的一折（《失街亭》《空城计》《斩马谡》统称《失空斩》），《失空斩》是一出传统的骨子老戏，是包括四大须生——马、谭、杨、奚在内的无数前辈名家必演的一出戏。从另外一个角度来说，《失空斩》这出戏也是一个老生演员必须掌握的重要剧目。

　　从艺术特色角度来说，第一个看点，就是这出戏拥有很多精彩的唱段。不同流派的艺术家在舞台上对诸葛亮这个人物进行了不同的诠释与演绎，留下了众多经典的版本。

　　第二，这出戏音乐本体的艺术含金量也非常高，囊括了几乎所有京剧西皮调式的板式。比如，《失街亭》的"两国交锋龙虎斗"是西皮原板，"先帝爷白帝城叮咛就"是西皮摇板；《空城计》的"恨马谡失街亭令人可恨"是西皮摇板，"我本是卧龙岗散淡的人"是西皮三眼，"我正在城楼观山景"是西皮二六；《斩马谡》的"火在心头难消恨"是西皮小导板，"见马谡跪在宝帐下"是西皮快板等。

　　第三，这出戏通篇没有一个女性角色，用现在的话说就是绝对的大男主戏。尽管两个童儿通常会用女演员来扮演，但是在角色中都是男孩子。这出戏，除了诸葛亮这个家喻户晓的主角之外，还有司马懿（铜锤花脸）、马谡（架子花脸）、王平（里子老生）、赵云（老生），以及打扫街道的两个文丑老军等，这些人物看似是配角，但在故事塑造中都是不可缺少的重要角色。在以往的演出中，能够胜任这些角色的也都是名角儿，他们为《失空斩》这出戏的不断完善作出了不可忽视的贡献。

● **小舞台**

听一听，这两段音乐在伴奏形式上有什么区别？

音频1：

　　由于唱腔的不同，文场的伴奏乐器也是不尽相同的，但是大部分文场的伴奏乐器都是以管弦乐器为主，如二胡、板胡、京胡、三弦、扬琴、月琴、笛子、唢呐、笙等。

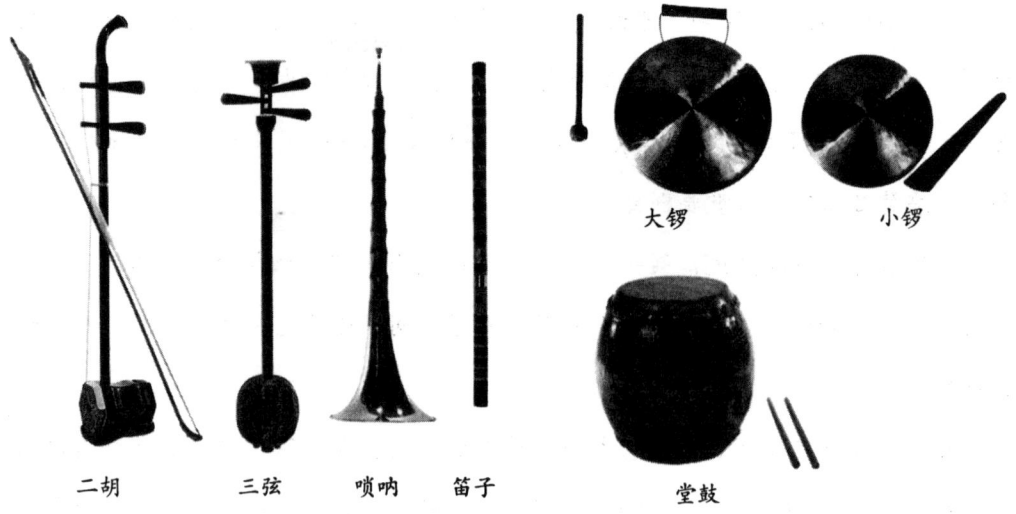

二胡　　三弦　　唢呐　　笛子　　　大锣　　小锣　　堂鼓

音频2：

　　这段音乐的伴奏是不是节奏感十足？这是武场的伴奏音乐，主要是以鼓板、大锣、小锣、钹等打击乐为主。你能想象出京剧演员在舞台上进行动作、展示手势以及武打交锋时紧扣鼓点的舞台效果吗？

● 文场：主要以管弦乐为伴奏音乐。
● 武场：主要以打击乐为伴奏音乐。

第三章　古老戏曲的时尚变身

说到时尚，在历史上，传统戏曲就是一种时尚艺术。如京剧刚兴起时，1845年出版的北京导游读物《都门纪略》就称之为"时尚黄腔"。此后100多年，京剧既是民族艺术，又是流行艺术，成为京、津、沪等城市最时尚的文化消费方式。其他剧种如越剧、粤剧、闽剧、沪剧等，也都是地区性流行艺术。斗转星移，传统戏曲文化几经沉浮，不断地将精华进行沉淀，并积极地推陈出新、移步换形，随着中国传统文化的整体复兴再度兴起，成为当代文化消费的一种时尚。

传统不是凝固的山而是流动的河，变化无形，润物无声。随着时代的发展，传统戏曲为很多新兴的文化产业提供着养分，同时，时尚元素以各种形式融入传统戏曲艺术也是一种历史趋势和必然。戏曲不再拘守于民族艺术范围内的自我完善，它和各种艺术形式不断进行着碰撞，擦出无数火花。但是传统戏曲也不能盲目时尚化，各种实验与尝试都应建立在尊重和理解戏曲文化的基础上。本章就为大家介绍一些戏曲时尚变身的成功范例，看看多元立体、异彩纷呈的戏曲如何在这个时代展现风姿。

一、戏曲与脱口秀

脱口秀节目作为主打轻松娱乐的网络综艺深受大众喜爱。生于1986年的孙建弘从小学习京剧，他在脱口秀节目中巧妙、有趣地向大家普及并宣传中国戏曲，通过脱口秀的方式激发大家学习戏曲的兴趣，以幽默的方式传播中国传统戏曲艺术。很多人觉得戏曲古板、不时尚，他便将戏曲与当下流行相结合，讲成一个个段子；通过一句流行歌曲的歌词"左手右手一个慢动作，右手左手慢动作重播"配合表演，告诉大家这个歌词做出来的动作就是戏曲中的"拉山膀"……

用大众容易接受的方式，在轻松愉快的氛围中传播戏曲知识。

"我跟所有的年轻朋友说，这世界上只有两种人，一种是喜欢京剧的人，另一种是还不知道自己喜欢京剧的人。"这是坤角老生王佩瑜在一档脱口秀的节目中说的一句话。被戏迷称为"瑜老板"的王佩瑜是上海京剧院的国家一级演员，多年来一直致力于京剧的推广工作，在众多娱乐节目中也是吸粉无数。在《瑜你台上见》这档节目中，王佩瑜将戏曲知识与当下流

行的网络语言相结合，让戏曲知识更"接地气儿"，更大众化，例如"水牌子"与"躺赢"、鼓师与 freestyle 等，用当下最时尚的方式迅速拉近了京剧与观众的距离。大到梨园行的规矩，小到戏迷们的圈内术语如"打赏"的释义，瑜老板都进行了生动有趣的解说，并穿插唱段和表演，观众看得津津有味。

二、戏曲与网红歌曲

21世纪以来，网络上兴起一种潮流——听唱曲风或歌词比较另类，旋律朗朗上

口,节奏简单明快,听一遍就"上头"的歌曲。听者无论喜欢与否,都会自觉不自觉地哼唱,产生一种"洗脑"的效果。由于大众一旦"中招",就会自动进入循环播放模式,因此这类歌曲被人们戏称为"神曲"。"神曲"的传播力和影响力是惊人的。也不知道是戏曲抓住了神曲,还是神曲盯上了戏曲,总之,一批带着戏味儿的神曲应运而生。

这里不得不提到的神曲鼻祖,便是《忐忑》。《忐忑》从头到尾没有一句具有实际意义的歌词,全部都是"嗯、哦、唉、哟"这类的叹词,歌曲音域跨度极大,音程魔鬼式跳跃,节奏和旋律都变幻莫测。龚琳娜的演唱也极具表现力,时而横眉竖眼,时而忐忑不安,非常点题。这首歌一问世便被"封神",迅速登上各大热搜榜。

其实这首"神曲"具有很高的艺术价值,也很有演唱难度。《忐忑》中添加了诸多戏曲元素。首先,作品的唱词借鉴了戏曲中的锣鼓经。什么是锣鼓经呢?简单说就是用嘴说出来的戏曲打击乐伴奏。由于打击乐器不同,所以演奏法、音色和节奏也不同,记谱时通常会用某些代字表示各种乐器的声响及奏法。比如"台"代表小锣独奏,"大"代表鼓单签击,"八"代表板鼓左手单击楗或双楗同击,"仓"代表大锣、铙钹、小锣同击或大锣单击等等,非常形象。这种类似于"台""大""八""仓"的口令就叫作锣鼓经。《忐忑》大量借鉴、运用了锣鼓经,虽然很多字音不同,但是效果类似。再配上富有戏曲音乐元素的旋律,加之龚琳娜极富表现力和专业性的演唱,整首歌曲张力十足,极具感染力。

龚琳娜在演唱中融合了戏曲行当里老旦、花旦、老生、花脸等多种音色,并运用了戏曲拖腔中的各种滑音、颤音等演唱技巧,将它们进行了一种奇思妙想的结合,变幻丰富,令人耳目一新。《忐忑》的作曲是龚琳娜的前夫、德国作曲家老锣。从他的中文名字中,就能感受到他有多么喜爱中国戏曲文化。《忐忑》可以说是中西文化碰撞的产物，也是这对昔日伉俪珠联璧合的代表作品之一。二人在不经意间就引领了一次时尚，让古老戏曲也顽皮了一把。

三、戏曲与说唱音乐

嘻哈（hip hop）是20世纪80年代诞生于美国的一种街头文化艺术，由于崇尚自由、真实、和平与爱，短短半个世纪，就从最初的边缘文化逐渐发展壮大为当代新兴艺术文化之一，席卷全球。近年来嘻哈也获得了越来越多中国年轻人的喜爱，其中，说唱作为嘻哈的一种音乐表达方式，与我国戏曲中的西皮唱腔和数板等艺术形式有很多相似之处。二者发源地相距甚远，

文化背景也迥然不同，能否因为志同道合而成为"好友"呢？歌手VAVA毛衍七的《我的新衣》就是它们"牵手成功"的代表作品之一。

《我的新衣》的前奏是一段很典型的京剧锣鼓经——大锣慢纽丝，我们还可以听到京胡、板、单皮鼓、大锣、铙、钹、琵琶等京剧常用的伴奏乐器演奏出的国风调子，这些乐器与嘻哈鼓点节奏的结合毫无违和感且非常特别，瞬间吸引听者。接着是主歌第一段的rap（说唱），背景音乐依旧是琵琶配合着嘻哈trap music（陷阱音乐）风格的鼓点节奏，共同推进着歌曲的发展，直到副歌出现，开始重复歌词内容来表达主题。而编曲则通过用不同京剧乐器以及鼓点节奏的变换，将单调重复的歌词内容变得丰富有趣。值得一提的是，这首说唱歌曲中无缝衔接了京剧《卖水》中的经典数板唱段：

清早起来什么镜子照？　梳一个油头什么花香？

脸上擦的是什么花粉？　口点的胭脂是什么花红？

这个唱段伴随着时尚、明晰的嘻哈鼓点节奏，与副歌穿插，一共出现了两次，成为本曲的高潮亮点。京剧唱段与主歌说唱部分的内容以及旋律非但不脱节，反而融合得非常漂亮，令人眼前一亮，把整首歌曲推向了更高的层级。除此之外，在歌曲的MV中，歌手VAVA毛衍七也混搭了京剧服饰，交替出现在京剧舞台的场景中，怎一个"炫"字了得。与其说这是古老戏曲的时尚转身，倒不如说是京剧助推了一把中国嘻哈，使其一飞冲天，惊艳四方。

嘻哈音乐是一种当下全球流行的音乐风格和情感表达载体，我国传统戏曲通过与其结合，可以打破受众的年龄以及地域空间的壁垒，让更多的年轻人甚至是外国人认识并了解我国的戏曲文化。《我的新衣》通过京剧融合说唱实现跨界混搭，用最传统的形式向大家传递了最新潮的音乐。这不仅仅秀出了VAVA毛衍七的时尚态度，更传达了她的音乐梦想："把中国风说唱带向世界，让更多人了解中国传统文化，了解中国。"

四、戏曲与动画电影

追溯戏曲与动画的历史，可谓久远，从1956年《骄傲的将军》、1964年《大闹天宫》、1979年《哪吒闹海》、1983年《天书奇谭》到2015年《西游记之大圣归来》、2019年《哪吒之魔童降世》和《白蛇：缘起》，到2021年《白蛇2：青蛇劫起》，中国动画从戏曲艺术中不断汲取营养，挖掘题材。戏曲艺术对于动画"中国学派"的开创功不可没，动画也一次次将戏曲推至时尚前沿。

这些中国动画通过借鉴戏曲脸谱中的色彩以及图案来塑造人物形象，突出人物的性格特点。如《大闹天宫》中孙悟空的面部造型就借鉴了戏曲行当"武生"和猴戏中孙悟空脸谱的特点，运用了动画中常用的变形和夸张的手法，将猴子嘴部勾画为四根简单的线条，眉心上方画有与包拯同样的月牙图案，象征正直不阿。还借鉴脸谱色彩"寓褒贬，别善恶"的特点，将孙悟空的面部造型设计成为象征忠义勇敢的红色，将玉皇大帝脸部设计为象征奸诈的白色。

中国动画还将戏曲服饰进行融合吸收，如《大闹天宫》中孙悟空的服装造型就吸收了戏曲中衣箱制，头戴软罗帽，上衣为圆领、大襟、窄袖，并用虎皮裙替代戏服中腰间系的腰巾或下摆等。经过改良后，
孙悟空的形象不仅保留了戏曲程式的韵味与特色，还充分体现了时代背景下民族文化内涵的审美。

中国动画的配乐还广泛对戏曲音乐进行借鉴，以促进其完成中国式节奏的定位设计。比如《哪吒闹海》中，哪吒与三太子打斗的时候用的是京剧武戏中的锣鼓和曲牌，动画与音乐锣鼓点完美配合，满满的中国式高级感。动画片《西游记之大圣归来》中角色混沌在献祭时唱了一首凄凉婉转的昆曲《祭天化颜歌》，他头戴巾帽，俨然一副京剧姜派小生的造型，身段也极力模仿传统戏剧。充满古韵的装扮配合着京剧演员陈旭之的唱腔，显得十分有韵味。还有《大闹天宫》中的"急急风"锣鼓音乐，《骄傲的将军》中的道白"哇啊……呀呀呀"等，都是戏曲音乐在动画中的成功应用。

在人物妆容上，中国动画也从戏曲中汲取了诸多养料。例如《天书奇谭》中美女狐狸的造型就几乎复刻了戏曲旦角扮相；《白蛇》系列中，双面狐妖的眼部也参考了旦角妆容特征，桃红色眼影搭配黑色夸张上挑的
眼线，整体造型妩媚动人却又透着机灵可爱，将东方女性的神秘与妩媚体现得淋漓尽致。

戏曲给中国动画打上了标志性的烙印，助力其以强劲的势头与美国迪士尼动画和日本动漫分庭抗礼。关乎时尚，又远超越时尚。这是中国文化在国际动画产业中的渗透与引领。

五、戏曲与化妆品

随着年轻消费群体民族文化认同感的不断增强，几大国产彩妆品牌都不约而同地将自身定位为"国风"，就连国际一线化妆品品牌也不断推出"中国风"系列，来迎合中国消费者。让我们来看看下面这些"中国风"的化妆品吧！

国外品牌：

国产品牌：

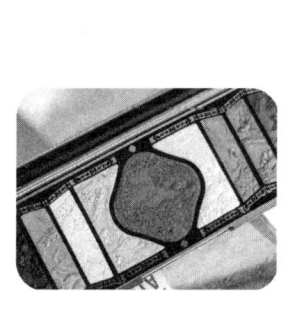 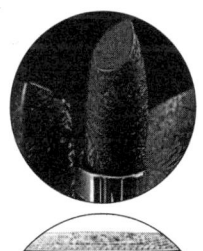 

无论从色彩元素、图案元素还是道具元素等方面的运用上，国产品牌对"戏曲国风"的理解，无疑比国外一线大牌都要更加深刻。中国的彩妆行业起步比较晚，很长一段时间里国货彩妆不得不选择模仿、复制国际一线品牌产品这条道路，因而

缺少有竞争力的产品和品牌，产品特色不鲜明。直到一些企业清醒地意识到"中国制造"要想做出"中国特色"，一定要将中国传统文化元素融入彩妆设计中，实现古典与现代的完美融合，才能打造富有内涵的品牌，让品牌更具文化与厚重感。

戏曲是中国古典文化的重要载体，其本身就拥有一套属于自己的完整的审美体系。进入 21 世纪以来，植根于中国传统文化和审美，成为国产品牌的清晰定位。定位清晰后，近几年的国产彩妆产品可谓让国人惊喜连连。

例如某国产品牌的故宫系列彩妆，"玉兰望春"彩妆盘，名字听起来就像极了一出戏，集高光和腮红于一体，四种色彩被压制成玉兰、轩窗、碧波图样，打开盒盖仿佛在临窗远眺；"玉石云烟"眼妆盘，图案就更为大胆，就像神话戏里的布景，红墙白玉、仙云渺渺、金碧辉煌；"玉韵红盘"腮红，则是用其浮雕的压粉手法再现我国传统漆器的质感。国妆不再是"便宜"的代名词，而已经成为"东方魅力"和"中式高级"的标志。

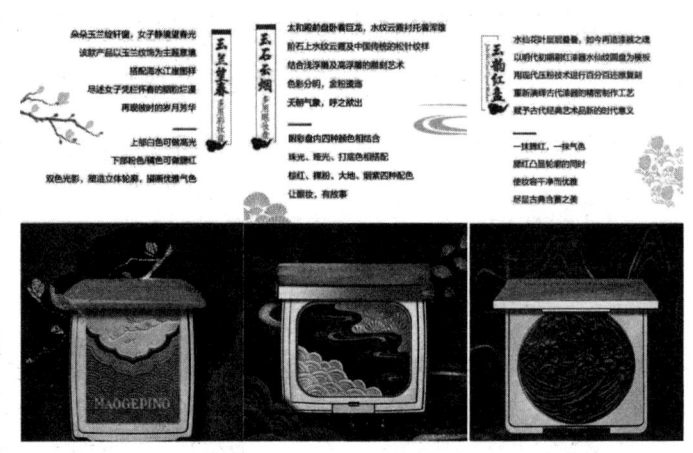

六、戏曲与网络游戏

如今，玩网络游戏已经成为年轻人一种常见的娱乐方式。随着科技的发展，诸多游戏在制作方面将中国古典的历史文化与现代游戏相结合，进而将传统文化演化为潮流文化。中国传统的戏曲艺术通过游戏这一载体，以一种寓教于乐的形式传递给年轻人，让戏曲这一传统的艺术形式在年轻人的内心生根发芽。

国产手游《王者荣耀》征服了无数少男少女的心，其中一个相当重要的因素是游戏中许多角色来自我国传统历史或传奇,如手握青龙偃月刀的关羽、一代女皇武则天等。然而,最令人印象深刻的莫过于游戏的"皮肤",它们的设计灵感来源于中国传统戏曲,如虞姬的霸王别姬、梦奇的胖达荣荣、甄姬的游园惊梦都具有国风古韵。设计者将戏曲国风装扮融入人物设定,用现代游戏传播着传统的民族精神和文化理念。

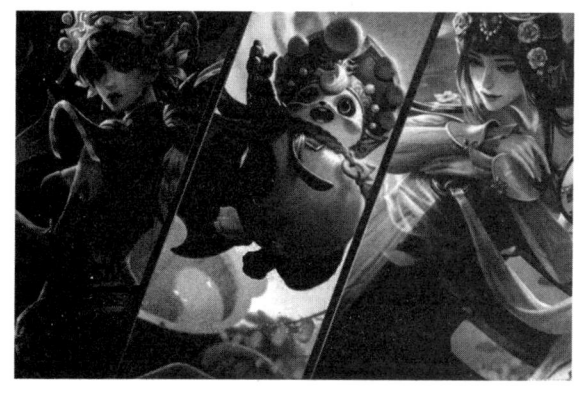

游戏中项羽和虞姬有一款根据京剧《霸王别姬》选材的皮肤,展现了浓郁的历史文化气息。《霸王别姬》是京剧艺术家梅兰芳表演的经典剧目之一,又名《楚汉争》《十面埋伏》《亡乌江》《九里山》。该剧讲述的是西楚霸王项羽与爱妃虞姬生死离别的爱情故事。楚汉相争,项羽被刘邦的军队包围在垓下,节节败退,当项羽听到四面楚歌之际,自知大势已去,发出"虞兮虞兮奈若何"的感叹!虞姬跟随项羽多年,不愿拖累自己的夫君,便穿上华服最后一次为项羽舞剑唱歌,并以宝剑自刎而死。跟随项羽征战的江东子弟死伤无数,项羽感觉没脸见江东父老,最终拔剑自刎。

游戏中项羽和虞姬身着"情侣"套装,画面感极强。项羽装备全副武装的盔甲和头盔,展现出西楚霸王的英勇形象,虞姬则相貌出众,一展古代美女形象。从游戏动作来看,同样充满了戏曲艺术的气息。京剧《霸王别姬》中,虞姬作为花旦,转圈是其经典的动作,游戏通过完美的特效将这一动作表现得淋漓尽致。另外,游戏还选取了《霸王别姬》中的经典台词:

兵家胜负,乃是常情。

骓不逝兮可奈何,虞兮虞兮奈若何。

通过这些形式，历史人物与戏曲艺术完美地融入游戏当中。

中国戏曲丰富多彩，源远流长，是我国传统文化的艺术瑰宝。游戏以英雄故事传递历史，弘扬民族精神。"戏中戏"的结合，一方面传承了中国传统艺术，另一方面将京腔古韵以现代形式重新演绎，在尊重和继承传统文化的基础上实现了创新，让更多年轻人关注戏曲，喜欢戏曲。

七、戏曲与潮服

近年来，越来越多服饰品牌在产品中融入戏曲元素，创造性地用更年轻酷炫的方式打造独特且浓厚的国潮氛围感。这不仅是对现代时尚的一次创新，更是对中国传统文化的致敬。

要说潮得最为帅气的，还得是咱们的奥运健儿。2016年里约奥运会上，中国自行车队的服装真是"亮"了。在场地自行车女子团体竞速赛决赛中，25岁的钟天使和30岁的宫金杰，以32秒107的成绩夺得了中国代表团在本届奥运会上的"第13金"。观看精彩赛事的同时，两位姑娘的头盔也吸粉无数。设计这款头盔的是广东番禺的自行车涂装工作室incolor。创始人张栋良和设计师丁洁义（九妹）以国旗红为主色调，给宫金杰、钟天使和徐超分别设计了穆桂英、花木兰和张飞的京剧脸谱造型，寓意"骁勇善战、旗开得胜"。设计师说，给钟天使配上"花木兰"是因为"她选择了和大部分年轻女孩不一样的道路"，而宫金杰则更适合同样"久经沙场、屡建战功"的穆桂英。

两位女运动员的头盔上点缀了紫色花瓣的牡丹花，而自行车男队徐超的头盔上则是暗花状祥云。头盔后方绘有纯黑毛笔字字样的姓氏。根据设计师在官方平台的介绍，这三只头盔的涂装设计历时两个月，选用的是 Kask Bambino 这款专用于场地赛和计时赛的气动盔。团队先确定了"脸谱+中国传统花纹"的方案，随后经历了五个主要的制作步骤：将头盔所有配件拆除、粗化表面；喷上白色底漆、烤干；再次手工打磨不平整的地方；喷漆、手绘；上光油、抛光。

看上去鲜艳的配色中也隐藏着一些细节。比如中国红中其实混入了金粉，使得头盔细看上去闪耀着金色光泽，"寓意中国队的夺金梦"；祥云里也藏着小小的五星红旗。脸谱的颜色和线条则是由数个色块和阴影叠加组成，按照先遮盖后喷涂的顺序制造立体感，凸显人物表情及性格特点。

八、戏曲与实验艺术

如果说在前七节中，戏曲的时尚变身华丽而炫目，那么本节中戏曲自内而外的变革则更加深刻而质朴。中国昆曲表演艺术家、国家一级演员柯军老师的"新概念昆曲"近十几年来引起了越来越多人的关注。

概念是什么？即观念（concept），也就是一个人的思想与看法。艺术创造的核心竞争力就是艺术家的观念。不可否认，昆曲是极其成熟的古典艺术，具有丰富的程式，但恰恰是其极致与完美的形式在客观上成为昆曲表达现代人精神、现代人审美的阻碍。我常常想，已经浸润了中国人六百余年的昆曲，可不可能在当代承载这个时代人的思维、情感、理念、精神？可不可能从一个供人品赏把玩的艺术品向反思自我、拷问灵魂、传达现代观念的艺术载体过

渡？这一艺术形式的发展空间可不可能更为开放？我作为一名演员，可不可能既借助昆曲的传统手段，又跳出昆曲的条条框框，来阐发我对人生的感悟，达到自我拯救、自我完善的目的？

这一连串的发问，给了观众理解"新概念昆曲"一条最短的路径，使得人们能够透过表象探求艺术家的内心，一同为传统戏曲的发展进行深入的思考与探索。这里给大家推荐几部柯军老师的经典作品：《藏·奔》、《浮士德》、实验版《夜奔》、"汤莎会"《邯郸梦》、《319·回首紫禁城》。

习近平总书记指出："不忘本来才能开辟未来，善于继承才能更好创新""对待传统文化，既不能片面地讲厚古薄今，也不能片面地讲厚今薄古，更不能采取全盘接受或者全盘抛弃的绝对主义态度。"时尚也好，创新也罢，我们都要充分尊重戏曲文化，从传承戏曲文化发展的实际出发，将继承与创新相结合，对戏曲元素进行适当的运用，推动戏曲文化和各个文化产业的繁荣发展。

今时今日的学生拥有更为广泛的信息来源，思维也更加活跃。本章节介绍的戏曲时尚变身的成功案例，转眼便成为过去，不难发现，这些案例无不是学科融合的产物。通过广泛的积累与学习，灵活应用，多元学科、艺术的碰撞就会产生新的火花，你们为什么不尝试一下呢？也许下一个时尚的引领者就是你哦！

第四章　有趣的戏曲冷知识

一、丑角才是戏曲的祖师爷

梨园行有句老话叫"无丑不成戏",丑角在戏曲界的地位可是相当高的!史载,唐玄宗李隆基选乐部伎子弟三百,教于梨园,后世遂将戏曲界称为梨园界或梨园行,戏曲演员称为梨园弟子。李隆基这个皇帝音乐造诣非常高,"声有误者,帝必觉而正之",他不但自己会演戏,还会教戏。按照现在的话说,就是个"六场通透"的全能型选手。后人感念他对戏曲行业发展作出的巨大贡献,遂尊称为戏曲界的祖师爷。

小帅觉得纳闷:"这和丑有什么关系?"

那为什么说丑角在戏曲界的地位高呢?话说唐玄宗这个皇帝真是顽皮,最喜欢滑稽搞怪。每当他搞怪时,大臣们碍于他皇帝的身份都不敢直视,于是唐玄宗就想出了用白玉遮面的办法,让大家放心观看,这就是丑角脸上"豆腐块"的由来,戏曲界"尊丑"的传统也就这样传承了下来。直到现在，后台化妆时，第一个动笔的都是丑角，因为那可是梨园行的祖师爷啊！

二、"四大名旦"其实都是男的

说起旦角，我们第一反应肯定是漂亮、俊美、姿态婀娜，这些词一般都是形容女性的，所以提到"四大名旦"大家都会下意识定义为四位女性旦角表演艺术家。其实在新中国成立前，戏曲演员地位是很低的，常被称为"戏子"，不仅练功苦，还很难赚到钱养家，所以家里人很少会送孩子去学戏。再加之那时女人的社会地位很低，根本不可能在外面抛头露面，更别提登台表演了！这样一来，女孩学戏、唱戏的人数更少了。因此京剧在早期一直没有女演员，而且在戏曲行内还曾有一条不成文的规定——传男不传女，所以早年间京剧舞台上的四大名旦都是男旦。

梅兰芳、程砚秋、尚小云、荀慧生被誉为我国京剧旦角行当中的"四大名旦"

三、戏曲舞台上最早穿"高跟鞋"的是男孩子

"高跟鞋"可是女孩子爱美的法宝之一,穿上之后不仅显得腿长,就连身材也能显得更修长美丽。我们知道西方有个爱穿高跟鞋的路易十四,其实中国京剧舞台上的高跟鞋最早也是男孩子穿的。

电视剧《鬓边不是海棠红》中商细蕊展示跷功

看图之后大家是不是以为京剧舞台上的高跟鞋就是旧时代裹小脚的"三寸金莲"?其实这是戏曲舞台上的一种高难度绝活,叫作"跷功"(即脚上绑木质硬跷或由多层布衲成的软跷,模拟缠足行走)。受旧思想观念的影响,早年间女性登上舞台是不被社会大众支持的,京剧舞台上只能出现男演员表演,因此舞台上最早穿高跟鞋的是男演员。

看看这绝活儿,有没有一种在跳芭蕾舞的感觉?其实跟西方的芭蕾舞很相似,演员都是依靠脚尖支撑全身的重量进行表演。虽然男演员可以从姿态身形上模仿女人,但是裙子下露出来的一双大脚足以让观众直接出戏,所以才有"跷功"的出现。演员必须练就"跷功"的本领,才能更加生动地展现缠足女性的形象。

四、"吊毛"和毛没关系

在京剧表演中"吊毛"表现的是突然摔倒或者跌倒的跟头。"吊毛"在戏曲中又被称为"毯子功",也就是跟地毯来个旋转跳跃的亲密接触,这个动作危险系数极高,因为最后是后背着地。那么有人问了:

A:为什么摔倒最后是后背着地啊?那种酷帅的翻跟头可不是躺在地上吧?

B:"吊毛"表现的是突然的摔倒,例如:从马上摔下来了,肯定是身体蜷起,从地上翻滚然后后背着地。

五、"马前""马后"和马没啥关系

"马前"和"马后"是京剧术语,指的是催场的专业术语。"马前"指临时要求演员在舞台上缩短表演时间,减少不重要的唱段或情节,加快动作程式,以缩短演出时间。而"马后"则是延长剧目的表演时间,例如有的重要演员还没到场或者没扮好戏,催场就会通知台上"马后",以延长表演时间。

六、"倒仓"不是仓库倒了

相信很多人听到"倒仓"这个词,最先想到的就是仓库倒了,可能还有金融小天才能够联想到股票倒仓。

其实在戏曲中"倒仓"一词指的是男演员在青春期时的换声,"倒仓"的过程中往往会出现嗓音嘶哑的情况。"倒仓"对于男演员来说是一道最大的坎儿,有的人能够倒过仓来,嗓音明亮,但是有些人在倒仓后嗓音依然沙哑或嘶哑,最后只能被迫改行,因为嗓音已经达不到上台表演的条件了。所以很多学戏的男生在倒仓的过程中,尽量用低一点的调门学唱,不过度演唱,使嗓子得到休息,以保证能够顺利倒仓结束。

七、"腰包"是裙子不是包

"腰包"是京剧服装中的长裙,依照明、清时代妇女裙子的基本款式,经过翻新美化而成。这种"遮肉显瘦"的服饰在戏中可是男女都能穿的。不同的"腰包"从角色扮演到内外与长短都有不同的含义。

(1)扮演戏中的渔夫或者要长途跋涉的人物时,由于剧中人物的设定,就会围一块白布在身上,一是在劳作累的时候能擦手擦汗,二是防止衣服被弄脏。

苏育民《苏武牧羊》

(2)另外腰包还是旦角刺客的一种必需装备,因为在刺杀的时候程式动作比较多,演员都会把腰包围在腰间,做功的时候呈蝴蝶状,优美至极。美丽的背后其实是防止刺杀时鲜血迸溅到衣服上,容易被发现,所以都会准备腰包方便逃生。

程砚秋《刺虎》

（3）不光老旦，青衣角色也有贫困、清贫甚至沦落到街头乞讨的情形，这时，就会将腰包从腋下开始围，又叫"上腰包"，从而表现人物落魄的处境。

付佳《白蛇传·断桥》

（4）长长的大裙子尽显优美之态，短款的腰包则是通过特殊的装扮手法和技术来呈现出不同的形态。例如罪犯的裙子就是短款"腰包"，有蓝色或者白色，系在衣服的外面，从而表现戏中人物狼狈的模样。

田慧《玉堂春》

八、"揸头"不是扒拉脑袋，而是帽子掉了

"揸头"属于戏曲中的行话，最开始指的是演员在卸妆的时候把盔帽、水纱和网巾摘掉，后面被引申为戏曲演员在舞台上表演时发网或者盔头突然掉落的小事故。

九、"吃栗子""一道汤""一棵菜"

"吃栗子"指的是京剧演员在演出时忘词了，导致演出的时候唱念结结巴巴，或者直接自由发挥唱词了。

"一道汤"指的是京剧演员表现所有的角色都一个样，没有把角色的特点表演出来，导致观众出戏。

"一棵菜"指的是演出团队的所有工作人员各司其职，配合天衣无缝，舞台演员、伴奏乐队、舞美、幕后工作人员都能完美配合，协调统一，让演出完美呈现。

十、"洒狗血"和"撒狗粮"可不是一个意思

"洒狗血"是戏曲班里的京剧术语，指的是演员为了讨好观众，在舞台上表演过头。有些人会说："没正经学过唱戏，就别在这儿洒狗血了！"

十一、彩旦不是旦角，是丑角

"彩旦"又叫"丑旦"，多由丑行扮演。其年龄较老的或称"丑婆子"，如京剧《拾玉镯》的刘妈妈。

戏中的"丑婆子"不一定都是坏人的角色，有的扮演刁钻刻薄的女子，也有性格风趣幽默、无拘无束的逗笑角色。在秦腔中彩旦也被称为"媒旦"，指的是一些骄傲自大、自作聪明的人。

"彩旦"大多出现在喜剧的剧目中，从而为整个剧目增添喜剧的色彩。"彩旦"的

唱词以京白为主，在装扮上先用白粉涂面，再涂上厚厚的胭脂，以夸张的妆容表现出自以为很美的诙谐特点。一名优秀的"彩旦"演员可以通过一个表情展现人物的心理变化，同时还要具备唱跳的能力。

A：你知道京剧念白有哪几种吗？

B：京剧念白主要分为京白和韵白两种。

A：怎么区分这两种呢？

B：京白是在北京话的基础上加入一些节奏、旋律，类似于朗诵时加入音调的语言感。韵白则是通过声调的旋律起伏与字音的抑扬顿挫相呼应，从而传递人物的情感变化。除此以外，韵白中还会出现上口字和尖团字，所以字音也会不同。

十二、"嘎调"就是飙高音

"音乐老师教你的发声方法你都掌握了吗？"

"High C 你敢飙吗？"

很多人对于京剧的高音并不了解。在京剧中拔高音演唱称为"嘎调"，类似于生活中我们所说的"飙 High C"。"嘎调"不仅仅是飙高音，还能起到增强人物情感的作用。

比如京剧《四郎探母》中，铁镜公主决定为杨四郎盗令之后，在台上唱起【西皮快板】，杨四郎随即撩袍挑袖，心神激荡地演唱："一见公主盗令箭，本宫才把心放宽。扭回头来叫小番！"这句唱词中"番"字比前面的"小"字直接翻高五度。一声拔地而起的"嘎调"要求戏曲演员在高音区直接迸发出高亢有力的调子，表现杨四郎探母的急迫心情。"嘎调"需要演员在台下不断练习，必须能够做到声音气沉丹田，唱出慷慨激昂、威风凛凛的感觉。所谓"台上三分钟，台下十年功"，说的就是舞台演员背后练习的艰辛。"嘎调"虽出彩，也容易出糗。很多演员因为"嘎调"唱不好，导致整场戏的看点大大降低。相反，"嘎调"唱好则能将整场戏的气氛推至最高，得到满场观众的拍手叫好。

相传有一位戏曲艺术家在演出时，嗓子极其难受，害怕当天在演唱《四郎探母》的戏码时嘎调唱不上去。嘎调唱不上去那怎么办呢？那时候看戏的剧院像茶馆一般，围桌而坐，品茶听戏。他就想了一个招儿，找几个熟人坐在看台"打掩护"，每逢他演唱高音的时候，几个熟人相继把桌子上的茶杯碰落在地上造成声响，观众的注意力纷纷被转移，也就缓解了舞台上演员嘎调没唱上去的尴尬。

十三、"富贵衣"其实满是补丁

说起"富贵"一词，我们首先联想到的可能是达官贵人，那他们穿的衣服应该就是富贵衣。恰恰相反，在京剧中，富贵衣上有各种色彩的补丁块，虽然名叫富贵衣，其实是潦倒的书生或叫花子穿的衣服，表现人物陷入困境，处于穷途末路的情形，所以富贵衣的服饰满身都是补丁。

虽满是补丁，但富贵衣的寓意为"否极泰来"，即表达当一个人陷入困境，跌到人生谷底时，也就开始触底反弹，向好的方向发展。例如在京剧传统戏《打侄上坟》中，陈大官父母早亡，每天都和一些酒肉朋友接触，最后沦落为叫花子。后来，身穿富贵衣的他经过伯父的一番教训，悔过自新，不仅改邪归正，还高中状元。也正是如此，在戏曲中富贵衣也是吉祥的预兆。

十四、厚底靴的底是用纸做的

生角一般都会脚穿厚底靴出场,这既是古代官靴的一种夸张化,也体现了其行当的气质。这种厚底靴的制作属于传统工艺,它的底是用草板纸浸湿以后一层一层叠加,经过长时间的压制而成,然后再用麻绳和牛皮纳底,最后刷上"大白"。

十五、比心的手势是从京剧中来的

京剧旦角常通过身段、手势等来表现剧中人物的喜、怒、哀、乐,比心的动作就来源于京剧旦角的手势,表现"真好""真美"的意思。不仅仅有"比心",还有更多手势等你来解锁哦。

承露

初篆

垂露

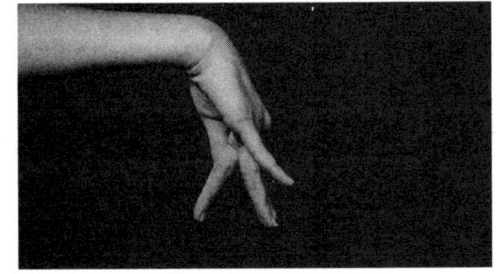
垂丝

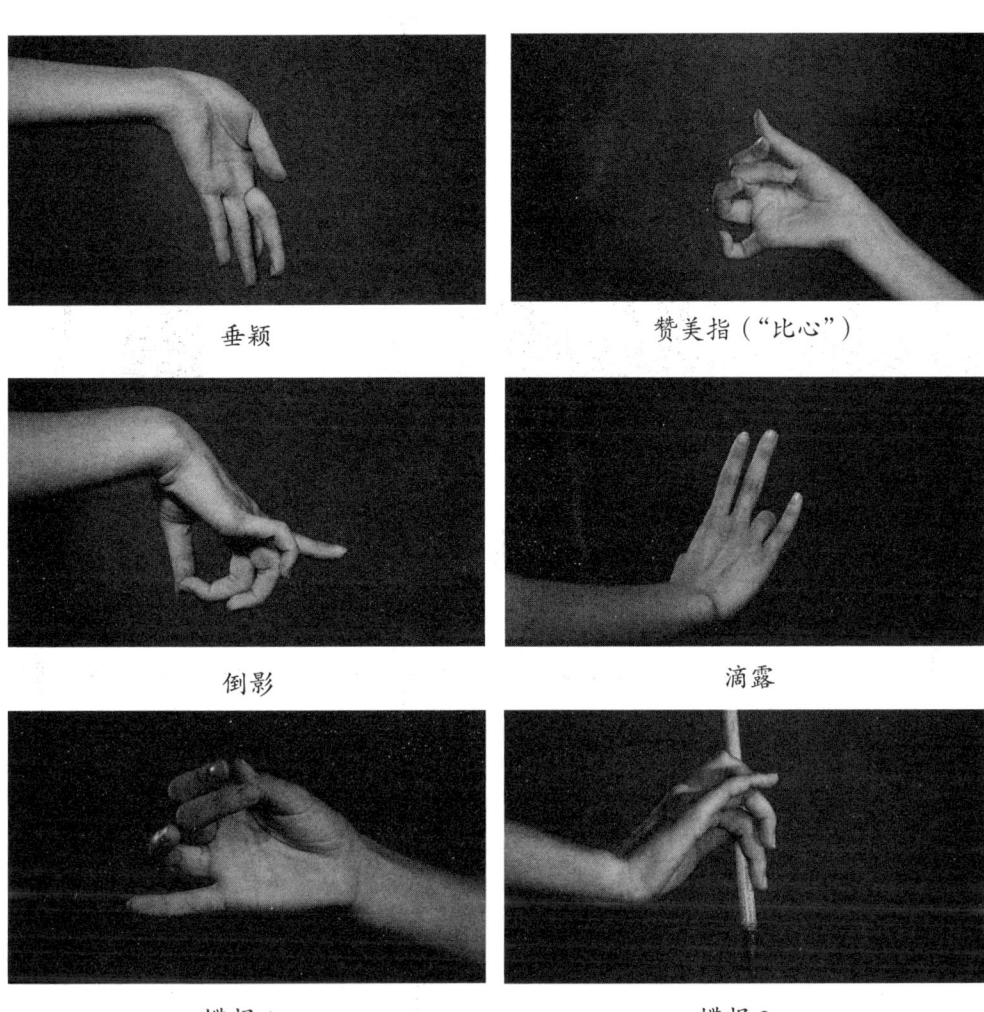

垂颖　　　　　　　　赞美指("比心")

倒影　　　　　　　　滴露

蝶损1　　　　　　　蝶损2

十六、压轴大戏其实是倒数第二个节目

"压轴"原本是戏曲中的用语，京剧把开场叫作"开锣戏"，中间叫"中轴"，倒数第二出叫作"压轴"，最后一出是"大轴"。因为很多观众看不到最后一出戏就离席了，所以戏班将最重要的一场戏放在倒数第二场，安排戏班最有声望、演唱得最好的演员出场表演，最后一场则是安排一些幽默风趣的唱段调节现场气氛。所以压轴大戏其实是倒数第二个节目。

十七、"私房戏"其实是给主角量身打造的戏

京剧中"私房戏"又称"本门戏",指的是请专人根据主角的演唱特点与风格编写一出新戏,所以每个流派都有自己独特的剧目,例如《青霜剑》是程砚秋的代表大作,《玉虎坠》则是尚小云的代表名剧。

十八、京剧中"跨性别"演出可不少

京剧中"跨性别"的演出可不少,也叫乾旦坤生。乾旦代表男生饰演旦角,坤生代表女生饰演生角。这种反串的表演形式在京剧中是非常常见的。每个人先天嗓音条件有所不同,在学戏的时候老师就会根据嗓音优势给予学生选择行当的建议。例如有的女生嗓音浑厚,真声较好,适合学唱老生;有的男生嗓音圆润甜美,适合学唱青衣旦。

十九、京剧行话常识解释

行话	解释
髯口	胡子
册子	戏单
尺寸	节奏
马前	加快速度
马后	放慢速度
死脸子	面无表情
柴头	专业能力差

续表

行话	解释
挪营	演出换城市
卯上	加油、用十二分力
扮戏	化妆
行头	服装
台步	走路
圆场	跑步
饭单	围裙
哏儿了	嗓子哑了
砌末	道具
场面	乐队
帽儿戏	开锣戏
皮儿厚	演出难度高、不易掌握的戏
碎儿	不起眼的角色
吊嗓	有伴奏地练唱戏曲中的唱段
喊嗓	"衣""啊"等单元音练声
塌中	失声的现象
打内	受到内行观众的称赞
打外	受到外行观众的称赞
水词	通用的唱词或念白
叠折儿	表演时扬长避短
醒皮	指戏唱得有激情，让观众听得过瘾
攮腋	抖包袱逗大家笑
要菜	要喝彩
拿贼	戏唱得不熟，心里没底
堂会	把专业团体请到家里唱戏

实践篇

第一章　如何唱出戏曲的味儿

中国传统戏曲唱腔有着独特的韵味，戏曲演员一张嘴就和平时我们唱歌不一样。如何才能唱出"戏味儿"呢？两个字："多听"。

老师："多听！"

三个孩子嗤之以鼻，辉辉脑子里浮现一句话："这不等于没说吗？"

其实道理很简单，从我们还在妈妈肚子里开始，就或被动或主动地不断听各种形式的歌曲，所以我们张嘴就知道大概唱歌的位置在哪里，这是人类与生俱来的本领——模仿。同理，如果你多听听戏，也能大概找到戏曲演唱的位置，"戏味儿"也会越来越浓。为了方便大家理解，接下来的很多章节，我们都会与唱歌作对比，通过分析唱歌与唱戏的异同，在对比中寻找"戏味儿"。

首先，很多歌曲的创作和演唱都非常注重旋律，只要旋律好听，即使歌词听不清也会有很多人喜欢。而戏曲则不然，戏曲讲究依字行腔，咬字归音在戏曲的演唱中尤为重要，每一个字都要唱清楚，决不能含糊。以京剧为例，京剧将所有的字分为十三个辙口，演唱不同的字音时，口腔肌肉的着力点和空间大小都是不一样的。所以在开口唱戏之前，我们先要念准十三辙。

一、念准十三辙

教你一个顺口溜,一定要牢牢记住哦!

"俏佳人扭捏出房来,东西南北坐。"这句十三个字的顺口溜刚好代表京剧唱词中的十三个辙口。什么是十三辙呢?其实就是将中国字的众多音节归为十三个大类,体现在京剧唱词中就是十三个韵脚。在行腔过程中,唱词上下句要合辙押韵,在句末的字要归到韵脚,也就是归到辙口上。

男孩小帅:"为什么叫十三辙,不叫十三韵呢?"

老师:"其实辙就是韵,辙是车轮留下的深深的、长长的印记,用'辙'这个字,就是形象地告诉我们,每一个字的发音,无论多长,都要始终在这个辙上。"

咬字归韵十三辙

辙口名	所含韵母情况	韵尾归类	收音方法
遥条辙	ao、iao	韵尾o	敛唇
发花辙	a、ia、ua	无韵尾	直喉
梭波辙	e、o、uo	无韵尾	直喉
乜斜辙	ie、üe	无韵尾	直喉
一七辙	i、ü、er	无韵尾	直喉
姑苏辙	u	无韵尾	直喉
怀来辙	ai、uai	韵尾i	展辅

续表

辙口名	所含韵母情况	韵尾归类	收音方法
灰堆辙	ei、uei	韵尾i	展辅
由求辙	ou、iou	韵尾u	敛唇
言前辙	an、ian、uan、üan	韵尾n	抵腭
人辰辙	en、in、un、ün	韵尾n	抵腭
江阳辙	ang、iang、uang	韵尾ng	穿身
中东辙	ing、ong、eng、iong、ueng	韵尾ng	穿身

1. 遥条辙

遥条辙是将韵归为 ao 的高喉音，以"俏"字为例，要由开口音收到锁唇上。

开口音：对着镜子吸着说 a，此时就是开口音的状态。

锁唇：对着镜子说 wu，此时就是锁唇的状态。

练声：以后的每一辙都可以用这个旋律来练习，注意，根据字的声调，倚音会有所变化，需要灵活应用。

$$\frac{4}{4} \quad \overset{\overset{2}{=}}{1} \; - \; - \; \dot{2} \; | \; \overset{\overset{2}{=}}{6} \; 5 \; 3 \; - \; | \; 5 \; \overset{\dot{1}}{\underline{6\,5}} \overset{\overset{2}{=}}{\dot{1}} \; - \; | \; \overset{\dot{1}}{\underline{5}} \; - \; - \; 0 \; \|$$

qiao……………………，ao…………… o………

俏

2. 发花辙

发花辙是无韵尾的直喉音，以"佳"字为例，字头撮口 + 字腹 a+ 韵尾 a，要清晰地拼出来，发声位置在口腔的中前部。

3. 梭波辙

梭波辙是无韵尾的直喉音,注意在演唱时要"先收音,后收型",就是先收声音,再收口型。

4. 乜斜辙

乜斜辙是无韵尾的下喉音,以"捏"字为例,字头为n,字腹舌边翘起,舌面塌下,舌尖抵在齿根。

5. 一七辙

一七辙是无韵尾的直喉闭口音。以"西"字为例,字头是什么音,字尾就是什么音,口型不变。练习时将门牙稍稍向上提,舌尖放平,气息从鼻腔直冲脑门。注意,嘴角横拉要适度,避免声音过于扁。

6. 姑苏辙

姑苏辙是无韵尾的直喉音,以"出"字为例,说 u 时不要拉下巴,要兜下巴,抬笑肌。

7. 怀来辙

怀来辙是韵尾 i 的半开口音,由半开口归到一七辙,属变字收音。以"来"字为例,字头 l 一定要和 n 区分清楚,字腹 ai 横向开口很宽,共鸣位置靠前,找到"点亮脑门小灯泡"的感觉。

8. 灰堆辙

灰堆辙是韵尾为 i 的深喉音,由开口音收归一七辙,属变字收音。以"北"字为例,字头 b,需要嘴唇给予一定阻力,字腹部分嘴角上扬,上颚明显吸起。

9. 由求辙

由求辙是韵尾为 u 的半开口音，收到锁唇上。以"扭"字为例，口型上下不要打得太开，下嘴唇用力，加上一点横向的感觉。《生死恨》中"说什么花好月圆人亦寿"唱段每一句的最后一个字都压在由求辙上，可以帮助练习。

10. 言前辙

言前辙是韵尾为 n 的半开口音。以"南"字为例，练习时硬腭和软腭都要有吸起和抬起的感觉（用舌尖从上门牙开始向后舔，上牙膛硬的部分是硬腭，后面软的部分就是软腭），将口腔内部的空间充分打开，咬住后槽牙的同时嘴角适当横拉。

11. 人辰辙

人辰辙是韵尾为 n 的合口音，以"人"字为例，通过舌面和口腔的上膛接触，把气流截住归到鼻腔，形成鼻腔音。

12. 江阳辙

江阳辙是韵尾为 ng 的高喉音，是十三辙中位置最高的一辙。以"房"字为例，口型由大开口音收到鼻腔上部，软腭始终抬起，先收音，再收口腔状态。

13. 中东辙

中东辙韵尾为 ng。以"东"字为例，这是一个撮口音，练习时对着镜子清楚地用汉语拼音拼出 dong，并保持住这个口型。这个辙口要求气送字出，气息从硬腭穿鼻，同时吸起软腭，挺立后颈肌，找到脑后音的位置。

十三道辙的韵母在口腔中的发音起点是不同的，我们可以把它们形象地分为五层。通常来说，我们的发声点在两个眼球的后方，口腔的尽头，小舌头的后上方，形成我们的面部倒三角区。

第一层：在倒三角中五层楼的最高一层，也就是顶端，"住"着中东辙和江阳辙。

第二层：在软腭的上面"住"着遥条辙，它属于高喉音位置。

第三层：在口腔尽头的正中间，小舌头下面，舌根上面，后咽壁的位置"住"着发花辙和由求辙。

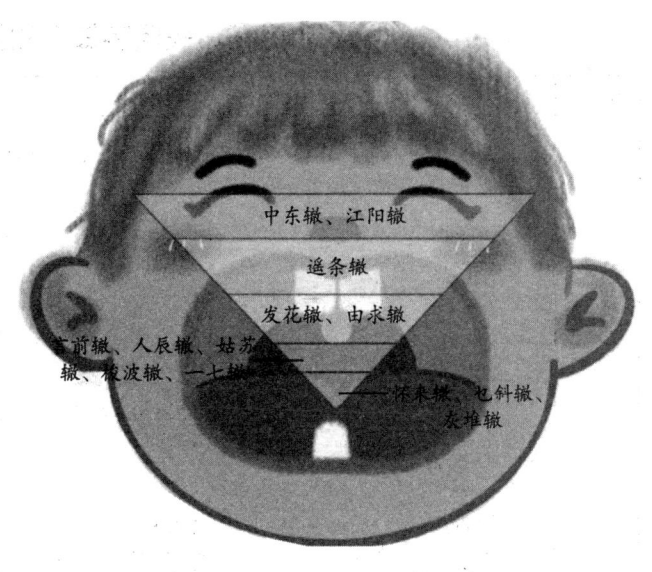

第四层：在声门（后咽壁前面像月亮门一样的地方）两侧的位置，"住"着言前辙、人辰辙、姑苏辙、梭波辙、一七辙。

第五层：在舌根部，深喉的位置"住"着怀来辙、乜斜辙、灰堆辙。

二、认清上口字和尖团字

上口字，指的是保留在现在京剧唱腔、念白里的一些古音、方言、地方音和古代官话，是中国音韵学研究的活化石。古音来自《中原音韵》，也称"中州韵"；方言来自鄂、皖、豫、苏等地。简单来说，凡是京剧语音中与普通话声、韵（声调除外）不同的字，就是上口字。尖团字属于上口字的大概念中，具体发音见附录。就是由于上口字和尖团字的存在，所以戏曲演员一张口，味儿和唱歌就不一样。

附录 上口字、尖团字发音对照表（简化版）

韵别		团字		尖字		上口字
一七辙	ji	（阴平）击几机饥讥鸡基激姬畸羁圾稽 （阳平）及级极汲亟吉棘急 （上声）己给戟几 （去声）纪记计技妓冀悸继寄季忌既骥	zi	（阴平）积绩迹缉跻齑 （阳平）集辑疾嫉瘠蒺即藉籍 （上声）挤脊济 （去声）际剂霁济荠祭寂稷鲚鲫迹	fi	（阴平）非扉霏啡绯蜚飞妃 （阳平）肥淝腓 （上声）匪菲悱斐诽绯篚翡 （去声）费沸痱芾吠废
					vi	（阴平）微 （阳平）惟帷维 （上声）委伟尾娓 （去声）未味
	qi	（阴平）期欺蹊 （阳平）其棋琪奇骑崎歧亓麒祁 （上声）启起岂企乞绮 （去声）气契讫迄弃憩器	ci	（阴平）七柒妻凄萋漆沏戚嘁缉 （阳平）齐荠脐蛴 （上声）砌泣葺槭碛	zhi	（阴平）知蜘汁只织 （阳平）执殖植值侄 （上声）只 （去声）质掷窒秩制置滞雉致彘治智帜桎
	xi	（阴平）兮吸希稀郗奚溪翕熙羲曦牺嬉醯歆 （阳平）檄 （上声）喜 （去声）戏系隙饩	si	（阴平）夕矽汐西硒析晰昔惜腊息熄悉蟋犀锡膝粞 （阳平）袭席 （上声）洗铣玺徙屣 （去声）细	shi	（阴平）失湿 （阳平）实石食蚀 （去声）室释适识式轼拭饰势逝誓
					chi	（阴平）摘螭魑鸱痴笞蚩眵吃喫 （阳平）池弛驰迟墀持篪踟 （上声）耻侈尺 （去声）赤敕炽斥
					ri	（去声）日
	ju	（阴平）居拘驹鞠掬 （阳平）局菊橘 （上声）举 （去声）巨矩距拒具俱惧剧据锯踞	zü	（阴平）疽狙且苴 （上声）咀沮龃 （去声）聚	zhü	（阴平）诸猪潴朱茱侏株珠蛛诛铢 （阳平）逐竹烛 （上声）主拄煮渚楮 （去声）筑箸伫苎纻住注炷柱蛀驻铸杼
	qu	（阴平）区曲屈驱躯岖袪诎麹 （阳平）瞿渠朐衢氍 （上声）龋 （去声）去	cü	（阴平）蛆黢趋 （上声）取娶 （去声）趣觑	chü	（阴平）出 （阳平）除滁蜍蹰厨橱躕 （上声）褚杵储 （去声）处怵
	xu	（阴平）吁虚墟嘘胥顼 （上声）许浒栩诩 （去声）畜蓄酗煦勖	sü	（阴平）须需戌胥 （阳平）徐 （上声）糈醑 （去声）序绪叙溆恤洫蓿续絮	shü	（阴平）书姝枢舒输殊殳 （阳平）秫赎 （上声）暑署鼠属 （去声）述术墅恕树戍竖伏
					rü	（阳平）如茹儒孺蠕襦缛嚅濡蝚 （上声）辱汝乳 （去声）茹褥入
乜斜辙	jie	（阴平）阶皆结街揭 （阳平）结拮劫竭杰颉羯碣桀 （上声）解 （去声）介界届戒解	zie	（阴平）接节疖嗟 （阳平）节截捷婕睫 （上声）姐 （去声）藉借		
	qie	（阳平）茄伽 （去声）怯惬锲箧慊挈	cie	（阴平）切 （上声）且 （去声）窃砌趄妾		
	xie	（阴平）歇蝎 （阳平）协胁谐鞋携挟缬 （上声）血 （去声）械解亵薤瀣	sie	（阴平）些楔 （阳平）邪斜 （上声）写 （去声）谢榭契屑楔卸泻泄绁燮躞		

续表

韵别		团字		尖字		上口字	
乜斜辙	üe	jue	(阴平)撅 (阳平))决觉角掘崛孓 诀抉瞿攫脚橛镢厥 (去声)倔	züe	(阳平)绝嚼爵爝	shüe	(阴平)说
		que	(阴平)缺炔阙 (阳平)瘸 (去声)却确榷阕悫	cüe	(去声)雀鹊		
		xue	(阴平)靴 (阳平)学穴趐噱斈 (去声)血	süe	(阴平)削薛 (上声)雪鳕雪鳕		
	io	jio	(阳平)[觉脚角桷噱]	zio	(阳平)[嚼爵]	yo	(阴平)约哟
		qio	(去声)[确却阙]	cio	(去声)[雀鹊]	lio	(阳平)掠略 (上声)掠 (去声)略
		xio	(阳平)[学噱]	sio	(阴平)[削]	nio	(去声)虐疟
梭波辙	uo					guo	(阴平)哥歌挝戈 (阳平)葛阁蛤 (上声)舸哿葛割蛤 (去声)个箇
						kuo	(阴平)科蝌苛嗑榼磕瞌柯珂疴窠颗棵诃 (阳平)壳咳颏 (上声)可坷轲渴 (去声)课嗑客
						huo	(阴平)呵喝 (阳平)禾和河荷合盒貉貉盍涸 (去声)褐贺和荷鹤
						shuo	(阳平)勺芍妁杓
	e					be	(阳平)白百佰柏北
						pe	(阳平)拍
						me	(阳平)墨 (去声)墨默麦陌脉蓦貊
						le	(阳平)肋勒嘞
						nge	(阳平)额哦蛾峨鹅俄厄扼阨轭
						he	(阳平)黑
						ze	(阳平)贼
	o					ngo	(上声)我 (去声)饿恶垩鳄鹗萼鄂
						yo	(去声)岳乐药跃钥
遥条辙	iao	jiao	(阴平)交娇骄蛟姣郊 跤浇教 (上声)脚角搅绞铰 狡佼 (去声)轿窖叫较教	ziao	(阴平)焦蕉椒礁鹪尐 (阳平)嚼噍 (上声)剿湫 (去声)醮		

续表

韵别			团字		尖字	上口字
遥条辙	iao	qiao	（阴平）敲磽 （阳平）桥乔侨荞跷 鞒翘 （上声）巧 （去声）窍壳撬翘	ciao	（阴平）锹悄雀峭 （阳平）瞧樵憔谯劁 （上声）雀愀悄 （去声）俏鞘消	
		xiao	（阴平）枭嚣哓骁杴 （阳平）淆崤 （上声）晓 （去声）效哮校孝	siao	（阴平）肖霄消削销逍 绡蛸萧箫潇啸 （上声）小筱 （去声）笑肖	
	ao					ngao	（阴平）熬 （阳平）敖熬嗷遨鳌鏊獒骜翱 （上声）袄懊媪 （去声）傲奥澳坳拗
由求辙	iou	jiu	（阴平）纠赳究鸠阄 （上声）九久韭 （去声）旧救臼柏舅厩 咎疚枢	ziu	（阴平）揪啾鬏 （上声）酒 （去声）就鹫僦	
		qiu	（阴平）丘邱龟蚯 （阳平）求球仇裘楸蝤 遒虬巯俅毬	ciu	（阴平）秋楸萩鳅湫 （阳平）囚泅酋蝤遒	
		xiu	（阴平）休咻貅髹鸺 庥岫 （上声）朽宿 （去声）臭溴嗅宿	siu	（阴平）修羞馐 （去声）秀锈绣袖	
	ou					ngou	（阴平）区欧殴鸥讴瓯 （上声）呕偶耦藕 （去声）沤怄呕
言前辙	ian	jian	（阴平）肩间监坚艰 缄兼 （上声）减检捡俭简柬 茧碱拣铜謇蹇 （去声）见件建键健剑 谏鉴涧	zian	（阴平）尖煎歼戋笺浅 （上声）剪戬谫 （去声）箭荐渐溅践贱 饯僭鞯渐	jian	（上声）脸
		qian	（阴平）牵铅谦悭骞 搴愆 （阳平）钳乾虔掮黔荨 （上声）遣肷 （去声）歉欠嵌	cian	（阴平）千签钎迁扦仟 芊阡佥 （阳平）前钱潜 （上声）浅 （去声）倩堑茜	
		xian	（阴平）掀锨 （阳平）闲娴痫咸贤弦 舷衔嫌 （上声）显险 （去声）陷限宪苋县现 献陷	sian	（阴平）先酰鲜仙氙籼 纤跹暹 （阳平）涎 （上声）冼鲜藓铣筅跣 （去声）羡霰线腺	xian	（上声）喊
	üan	juan	（阴平）捐涓鹃绢娟 蠲圈 （上声）卷锩 （去声）倦卷眷圈鄄	zuan	（阴平）镌朘 （去声）隽	
		quan	（阴平）圈 （阳平）权拳蜷鬈颧 （上声）犬畎 （去声）券劝	cuan	（阴平）悛 （阳平）全泉痊醛铨筌 诠辁荃	

续表

韵别			团字		尖字		上口字
言前辙	üan	xuan	（阴平）轩喧暄揎煊谖 （阳平）玄玹悬 （上声）烜晅 （去声）眩炫铉泫绚券	süan	（阴平）宣 （阳平）旋漩璇 （上声）选癣 （去声）渲镟		
	an					ngan	（阴平）安鞍庵媕谙 （上声）俺 （去声）案按岸暗黯
						buan	（阴平）般搬瘢 （去声）半伴
						puan	（阴平）潘番 （阳平）盘槃磐 （去声）泮畔
						muan	（阴平）瞒馒鳗 （去声）曼镘幔漫嫚慢漫
人辰辙	in	jin	（阴平）今斤巾金筋襟[京惊经荆] （上声）瑾谨紧锦仅 （去声）靳劲禁近[竟镜痉径颈竞敬境]	zin	（阴平）津[精睛晶旌] （上声）[井阱穽] （去声）进尽浸晋烬荩缙赆[静靖菁靓净腈婧]	lin	（阴平）零伶龄铃苓聆图舲羚鸰蛉瓴翎诗凌陵绫菱灵棂 （上声）领岭 （去声）令另
		qin	（阴平）钦衾[轻氢倾卿] （阳平）琴勤禽擒芹苓[擎檠黥勍] （上声）[顷警苘] （去声）[庆磬謦綮]	cin	（阴平）亲侵[青清蜻鲭圊] （阳平）秦螓溱[氰情晴] （上声）寝[请] （去声）沁吣[箐]	yin	（阴平）英瑛婴鹦罂樱缨罂莺应鹰 （阳平）荥营茔萤萦莹滢盈楹赢瀛蝇迎 （上声）影郢颖颍瘿
		xin	（阴平）欣昕忻馨歆鑫[兴] （阳平）镡[行型形刑硎邢荥陉] （去声）衅[杏幸悻荇]	sin	（阴平）心芯新薪辛锌莘[星腥猩惺] （上声）[省擤醒] （去声）芯囟寻信[性姓]	pin	（阴平）乒娉 （阳平）平评坪枰萍屏瓶洴軿凭
						bin	（阴平）兵冰 （上声）丙柄炳饼屏秉 （去声）并柄病
						nin	（阳平）宁咛狞拧柠凝甯 （上声）拧 （去声）拧宁泞佞
						tin	（阳平）廷庭蜓霆亭停婷 （上声）挺艇梃町
						min	（阳平）名铭酩冥蓂螟暝鸣 （去声）命
						din	（上声）顶酊鼎 （去声）定锭碇椗钉订腚
	ün üen	jun (juen)	（阴平）军君均菌龟钧筠鞁麇 （去声）捃郡菌箘	zün (züen)	（去声）俊峻竣浚骏隽		
		qun (quen)	（阴平）囷箘 （阳平）群裙麇	cün (cüen)	（阴平）逡		
		xun (xuen)	（阴平）熏薰曛獯醺埙勋荤 （去声）训驯	sün (süen)	（阳平）旬荀徇询恂郇巡寻荨浔循 （去声）汛讯迅逊殉浚郇蕈巽		

续表

韵别		团字		尖字		上口字	
人辰辙	en					den	（阴平）登灯噔磴 （上声）等戥 （去声）凳瞪蹬镫磴澄邓
						ten	（阴平）腾 （阳平）疼誊滕螣腾藤
						gen	（阴平）庚赓更羹耕 （上声）梗埂绠骾鲠耿
						ken	（阴平）坑铿硁
						ngen	（阴平）恩
						zhen	（阴平）峥睁筝净铮狰挣正征征钲蒸症 （上声）整拯 （去声）郑正政症证帧
						len	（阳平）棱薐楞 （上声）冷 （去声）愣睖
						chen	（阴平）瞠撑称 （阳平）呈程程澄橙成丞承城成乘盛惩诚塍醒成晟铖 （上声）逞骋 （去声）秤掌
						shen	（阴平）生甥声升昇 （阳平）绳渑 （上声）省眚 （去声）胜嵊乘盛圣
						zen	（阴平）争曾增憎缯罾 （去声）赠铮甑缯诤
						nen	（阳平）能
						hen	（阳平）恒珩衡蘅
						cen	（阴平）噌 （阳平）曾层
						sen	（阴平）僧
						ren	（阴平）扔仍 （阳平）仍
江阳辙	iang	jiang	（阴平）江姜僵疆缰豇 （上声）讲耩 （去声）绛降犟强礓虹糨	ziang	（阴平）将浆 （上声）奖蒋 （去声）将浆酱匠		
		qiang	（阴平）腔羌蜣锖 （阳平）强 （上声）襁镪强羟	ciang	（阴平）枪呛戗锖锵 （阳平）墙蔷嫱樯 （上声）抢 （去声）跄炝戗呛		
		xiang	（阴平）香乡芗 （阳平）降庠 （上声）享响饷飨 （去声）向项巷	siang	（阴平）相箱厢湘缃襄镶骧 （阳平）祥详翔 （上声）想鲞 （去声）相象像橡蟓		

续表

韵别		团字	尖字	上口字
发花辙	ia	(阴平)家傢夹佳葭加痂袈迦伽茄嘉 (阳平)夹袷戛頰莢蛱 (上声)贾甲岬朋假 (去声)稼嫁价假驾		
	qia	(阴平)掐 (去声)洽恰髂		
	xia	(阴平)瞎虾 (阳平)辖黠硖侠峡匣遐狭瑕暇[斜] (去声)下吓夏厦罅		
怀来辙	iai	(阴平)[街桔阶揩皆喈] (上声)[解] (去声)[戒诫介疥芥蚧解届]		
	xiai	(阳平)[鞋谐偕] (去声)[械薤懈廨解蟹獬澥]		
	ai			ngai (阴平)哀 (上声)蔼霭 (去声)爱嫒暧隘碍
				dai (去声)大
				yai (阳平)崖睚挨埃
中东辙	iong	(阴平)扃 (上声)炯迥窘		
	xiong	(阴平)兄凶汹匈胸芎 (阳平)雄熊荣		
	qiong	(阳平)穷茕琼筇邛跫		

注：[ ]表示既是上口音也是尖字。

请注意，这个表格只是提供了上口字和尖团字对照的简化示例，并不能涵盖所有情况。上口字的发音规律在一些情况下可以遵循一定的规则，但也有很多需要"死记硬背"的例子。同时，尖团字的区分主要基于古音和方音的保留，在现代汉语普通话中已经不再严格区分。

三、调好气息

正所谓"善歌者必先调其气",呼吸是一切歌唱的基础。呼吸作为发声的重要因素,直接决定着发声的好坏、音量的大小、音色的变化、共鸣的位置、润腔是否灵活、感情的表达等。

男孩小帅:"我们难道不是生下来就会呼吸吗?"

老师说:"好问题。"

歌唱和唱戏中的呼吸和平时的呼吸有什么不一样呢?

在自然呼吸状态下,小腹在吸气时是上抬的,呼气时是下塌的,即吸气时腹肌松弛,呼气时腹肌收缩,这种呼吸配合称为顺式呼吸,是我们与生俱来的能力。但是对于唱来说,这样自然的呼吸是远远不够的。

戏曲中的呼吸,是唱的重要组成部分,有一套科学的方法。戏曲中但凡讲到用气,必会提到丹田。丹田不是一个穴位,原是道教修炼内丹中的精气神时用的术语,位置处于人体的黄金分割线上。那么丹田到底在哪里呢?

丹田大概在你的肚脐向下四指的位置,也就是在我们的腹部。对于初学者来说,吸气时不要让胸腔过度扩张,而特别要注意肺向下腹压,使膈向下伸张,使气达丹田,同时用相反的运动,即小腹向上收缩,渐渐吐出气息来,这和歌唱的用气方法是十分相似的。据说梅兰芳先生平时唱戏时,都要用手提着裤带。可见梅先生小腹收缩幅度之大,功力之深。

在戏曲演唱中,除了小腹向上收缩吐气的方法之外,另一种训练方法是在气达丹田之后，有控制地向外推腹，同时渐渐吐气。这一缩一推，也就是戏曲中所谓"吞吐"的气息运用方法。

1. 拖长音练习

找一个自己最舒服的音高，用"啊"或"衣"的发音，缓慢而均匀地做拖音练习。由于京剧呼吸有吞吐的感觉，结合前面讲到的提收推放的办法，在练习拖长音时应该有方向感。下面由易到难，给大家提供一组练习方法。

练习 1

练习 2

初学者要从练习 1 和练习 2 开始练起。"衣—啊—"为一口气，同一方向，或提收，或推放。每次练习速度不要太快，持续 20 秒以上。发"衣"的时候，注意将门牙稍稍向上提，舌尖放平，气息从鼻腔直冲脑门，也就是唱响鼻腔和额窦，嘴角横拉要适度，避免声音过扁。在这个基础上口腔打开、软腭抬起唱"啊"，让声音打到后咽壁上方。

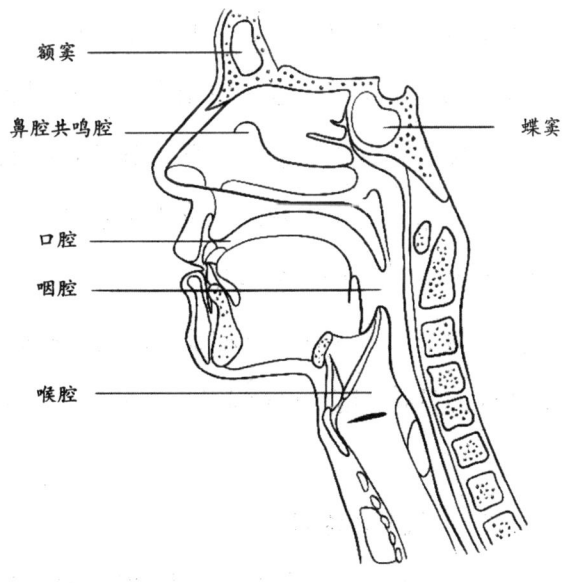

在前两个练习已经做得非常自如娴熟的基础上，我们可以尝试练习3：一来一回的拖音。"衣"先向里提收，之后"啊"向外推放，其中声音和呼吸都不断。

注意，无论使用哪种方向的运动来拖音，都必须注意以中音量来控制呼吸，音量不必太大也不必太小，太大会引起挤压，而太小则易缩紧咽喉，以自然适中为好。最好声音由轻到响，用耳朵分辨腹部运动、气息和声音的配合。

练习3

2. 弧形气息练习

弧形气息练习，顾名思义就是像一个圆一样运转我们的气息。

对于这种感觉的练习，我们可以采用老生和青衣里都常有的一种叫板。如："也罢"，在"罢"字上拖音时，既可用将右图圆圈1下面一个箭头作起点的感觉来念，也可以用右图中圆圈2下面的一个箭头作起点来念。这种感觉就是唱歌里讲的气息出去要有个抛物线。京剧中唱念需要兜个

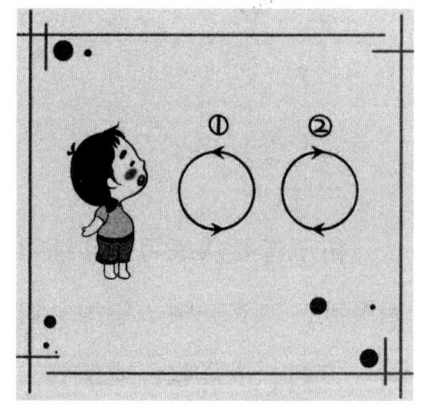

练习4

圈儿再出去的例子很多，如："啊哈""走哇""苦哇""来也""马来""是也""便了""酒来""看酒""天哪"等。这种练习不仅使得呼吸具有弹性，易把气息送到头腔、鼻腔、咽腔里形成空气柱从而产生共鸣，还构成了京剧特有的风格韵味。

3. 一气多音练习

一气多音练习在声乐中是非常常见的，其目的在于确保唱多个音时能稳住气息，尽量减少气息的波动。一气多音练习能防止由低到高地唱相对高的音时气息上浮，

通过训练,可以增强京剧常用的提气演唱时的对抗力,以保证气息提而不浮。我们可以大量借鉴声乐的练声曲,用"诺"字来练习,比较容易打开上口盖,得到头腔、咽腔、鼻腔等的共鸣,做到贯通。

练习1:

(1) 1 3 5 3 | 1 - ‖   (2) 1 2 3 2 | 1 - ‖
　　诺　　　　　　　　　　 诺

在练习1的基础上,我们可以用"诺"来带其他的韵母。

练习2:

1 3 5 3 1 3 5 3 | 1 - ‖
诺 诺 诺 诺 啊 啊 啊 啊 啊
　　　　　 衣 衣 衣 衣 衣
　　　　　 呜 呜 呜 呜 呜
　　　　　 哦 哦 哦 哦 哦
　　　　　 鹅 鹅 鹅 鹅 鹅

4. 一气一音多字练习

一气一音多字练习,就是气不变,音高不变,字变。这个练习在声乐中也很常见,无论声母如何改变,归韵的韵母位置不能变。建议先用a、o、e、i、u五个元音来练习,半个音半个音地长调门儿。

5　5　5　5 | 5 - - - ‖
啊 哦 鹅 衣　呜

在这个练习巩固了之后,可以替换十三辙中的任意字,练习辅音到元音的迅速转换。

5. 断音练习

断音练习和前面两种练习一样,都是借鉴声乐的发声方法,但稍有不同,对于京剧中的"笑"有很大的助益。练习时要求口腔打开,呈半打哈欠状,保持口型不变,腹部一次一次向里收缩,使得气一次次冲击,将音打到不同辙口对应的共鸣点上。这和美声中的花腔唱法很相像。

四、戏韵诗歌

画

[唐]王维

远看山有色,近听水无声。
春去花还在,人来鸟不惊。

风

[唐]李峤

解落三秋叶,能开二月花。
过江千尺浪,入竹万竿斜。

静夜思

[唐]李白

床前明月光,疑是地上霜。
举头望明月,低头思故乡。

春晓

[唐]孟浩然

春眠不觉晓,处处闻啼鸟。

夜来风雨声,花落知多少。

登鹳雀楼

[唐]王之涣

白日依山尽,黄河入海流。

欲穷千里目,更上一层楼。

望庐山瀑布

[唐]李白

日照香炉生紫烟,遥看瀑布挂前川。

飞流直下三千尺,疑是银河落九天。

村居

[清]高鼎

草长莺飞二月天,拂堤杨柳醉春烟。

儿童散学归来早,忙趁东风放纸鸢。

赋得古原草送别(节选)

[唐]白居易

离离原上草,一岁一枯荣。

野火烧不尽,春风吹又生。

早发白帝城

[唐]李白

朝辞白帝彩云间，千里江陵一日还。

两岸猿声啼不住，轻舟已过万重山。

望洞庭

[唐]刘禹锡

湖光秋月两相和，潭面无风镜未磨。

遥望洞庭山水翠，白银盘里一青螺。

望天门山

[唐]李白

天门中断楚江开，碧水东流至此回。

两岸青山相对出，孤帆一片日边来。

大林寺桃花

[唐]白居易

人间四月芳菲尽，山寺桃花始盛开。

长恨春归无觅处，不知转入此中来。

清明

[唐]杜牧

清明时节雨纷纷，路上行人欲断魂。

借问酒家何处有？牧童遥指杏花村。

凉州词

[唐] 王翰

葡萄美酒夜光杯,欲饮琵琶马上催。

醉卧沙场君莫笑,古来征战几人回?

墨梅

[元] 王冕

我家洗砚池头树,朵朵花开淡墨痕。

不要人夸好颜色,只留清气满乾坤。

山居秋暝

[唐] 王维

空山新雨后,天气晚来秋。

明月松间照,清泉石上流。

竹喧归浣女,莲动下渔舟。

随意春芳歇,王孙自可留。

长相思

[清] 纳兰性德

山一程,水一程,身向榆关那畔行,夜深千帐灯。

风一更,雪一更,聒碎乡心梦不成,故园无此声。

游子吟

［唐］孟郊

慈母手中线，游子身上衣。

临行密密缝，意恐迟迟归。

谁言寸草心，报得三春晖。

西江月·夜行黄沙道中

［宋］辛弃疾

明月别枝惊鹊，清风半夜鸣蝉。

稻花香里说丰年，听取蛙声一片。

七八个星天外，两三点雨山前。

旧时茅店社林边，路转溪桥忽见。

第二章　如何做出戏曲的样儿

无论是舞台表演，还是日常生活，优美的身姿都尤为重要。体态端庄、步履稳健是一个人内在修养的外在表现。中国戏曲的身段练习可以帮助学生一戳一站、一转一闪、一顾一盼都富有中国神韵，由内而外散发古典之美。

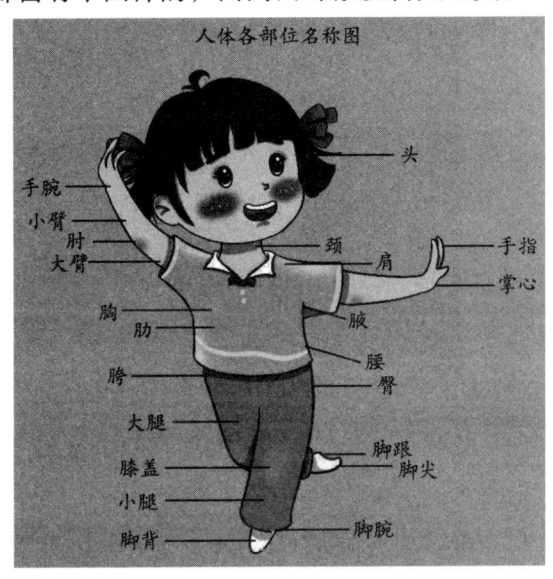

一、站有站相

站相训练是基本功训练的基础，接下来会介绍舞台上常用的脚姿和脚位。通过这些练习，学生可以初步掌握舞台上最基本的脚姿和站式，增强腿部控制能力的同时，还可以体会子午相*的美感。

---

*　子午相：京剧行话，指演员在亮相或站立时的姿势规范，强调身形各部位朝向的错落与对称。如演员身形通常朝向舞台左前方（或右前方），而面部、眼神则需正对观众，形成身与面的错位。

1. 脚姿

勾脚 脚跟蹬出，脚尖、脚背用力往回勾起。

绷脚 脚尖点地，脚跟向上，脚背绷直。

扤脚 脚背绷起，脚窝朝上，脚尖尽力往回扤。

2. 脚位

训练要求：站立如劲松，双肩切勿耸。立腰收臀腹，气沉丹田中。

正步式 双手叉腰，两腿站直并齐，两脚并拢，脚尖朝正前方，目视正前方。

八字式 准备姿势正步式。两脚尖向左右分开成八字形，两脚尖相距约自己的一脚之宽，脚跟靠拢，腿绷直，目视正前方。

丁字式 准备姿势正步式。左脚向正前方迈半步，右脚立即上半步横站，右脚窝与左脚跟靠拢，两腿绷直，身向右前方，目视正前方。

此式为左丁字式，又称"左丁步"。若右脚在前，则称右丁字式，或"右丁步"。

戳腿式 准备姿势右丁字式。右脚跟跷起，以脚尖点地，右膝稍弯曲，膝盖稍向右掰。身向左前方，目视右前方。

此式为右戳腿式。若左腿在前戳腿，则称左戳腿式。

踏步式 准备姿势八字式。右脚向左脚左后方撤一步,右脚尖与左脚跟相距约15厘米,右脚掌着地,脚跟抬起,左腿直立,右腿稍弯曲,将右膝掖在左膝后面。身向右前方,目视左前方。

此式为右踏步式,又称右别步。此式若左脚在后踏步,则称左踏步,或左别步。

存腿式 准备姿势左丁字式。左脚向前绷直伸出约一步远,以脚尖点地,同时右膝弯曲和左膝并靠,右脚满脚着地。身向正前方,目视正前方。

此式为右存腿式,又称右竖桩子。此式若左腿存腿,则称左存腿式,或左竖桩子。

弓箭式 准备姿势八字式。左脚向左方迈出一大步,脚尖向左方,左腿弓起,大腿平,小腿直,左胯要开,右腿要绷直。身向正前方,目视左前方。

此式为左弓箭式。若右腿弓起,则称右弓箭式。

骑马式 准备姿势正步式。右脚向右方横迈出一大步，两脚相距约半米，两脚撇成大八字，两腿弯曲，略下蹲，大腿斜垂小腿直，要开胯。身向正前方，目视正前方。

盘卧式 准备姿势右踏步式。双腿弯曲下蹲。蹲至犹如坐在矮凳上的高低为好，右小腿不要挨地，双腿要掌握好重心，不要前倾后坐，身向右前方，目视左前方。

此式为右盘卧式，又称右踏步蹲。若左脚后踏，则称左盘卧式，或左踏步蹲。

大掖步 准备姿势八字式。左脚向前横上半步，脚尖稍向左方，左腿半弓，右腿向后掖去，右脚尖与左脚要在一条直线上，两大腿要夹紧，向左拧身坐胯。身向左前方，目视左前方。

此式为右掖步。若左腿后掖，则称左掖步。

前踮丁式 准备姿势八字式。右脚向右前方上一步，膝盖绷直，绷脚面脚尖点地，同时左腿绷直，左脚满脚着地。身向左前方，目视右前方。

此式为右前踮丁式。若左脚在前踮起，则称左前踮丁式。

后踮丁式 准备姿势八字式。右脚向前迈一步，膝盖绷直，满脚着地，同时左膝绷直，左脚跟踮起，绷脚面脚尖点地。身向左前方，目视右前方。

此式为左后踮丁式。若右脚在后踮起，则称右后踮丁式。

上述脚位，除正步式、八字式、骑马式外，其他各式均要左右练习。

二、坐有坐相

京剧舞台上演出手段以及演员的表情、身段、情绪和流派的表演，要求演员有过硬的基本功，演员在舞台上的每个动作都体现了形体上的美。接下来会介绍舞台上常用的坐姿、坐相。通过相关练习，学生可以初步体验不同角色的性格特点。

1. 女性角色基本坐姿

后背立直，两肩下垂，臀部坐凳子的前三分之一。双脚成别步，双膝并拢，身体成子午相。

2. 男性角色基本坐姿

后背立直，两肩下垂，臀部坐凳子的前三分之一。膝盖打开，双脚成大八字形。

3. 老生坐姿

后背立直，两肩下垂，臀部坐凳子的前三分之一。双腿叉开，半站半坐。

4. 丑角、花旦坐姿

两肩下垂，坐姿较为随便，可以跷二郎腿，也可以盘腿坐。

三、看有看法

戏谚有云："角儿上台全凭眼。"没有台词，光看眼神，人物的情绪便能一目了然。下面会介绍舞台上常用的戏曲眼法。通过这些练习，学生可以初步掌握眼法的喜、怒、哀、乐，丰富面部表情，提升情绪表达的精度，使注意力集中。

1. 静态眼神训练

笑眼　神采奕奕，光彩照人

定眼　眼珠不动，聚精会神

媚眼　媚眼如丝，回首凝眸

呆眼　目光下沉，暗淡无光

泪眼　目中含泪，忧郁深邃

对眼　眼花缭乱，目不暇接

回思　上下翻动，回忆往事

倦眼　目光呆滞，眼大无光

凶眼　横眉冷对，竖眉瞪眼

惊眼　怒目圆睁，炯炯有神

情眼　含情脉脉，心之所向

怒眼　瞪大眼睛，咬紧牙关

沉吟　眼看鼻尖，抚手沉吟

醉眼　飘忽不定，放荡不羁

羞眼　柔情似水，暗送秋波

狠眼　阴脸冷面，鼓睛爆眼

留眼　目中含情，盈盈秋水

远眺眼　极目迥望，望眼欲穿

细看眼　瞧瞅瞄盯，目不转睛

斜视　睥睨一切，旁观冷眼

鄙视　不屑一顾，嗤之以鼻

2. 动态眼神训练

左右转动

准备姿势：面部放松，双目正视前方。先向左看，顺势由左向右看，眼睛左右横扫，由慢至快，不停练习。在舞台上常用于表现人物思索和警惕的眼神。

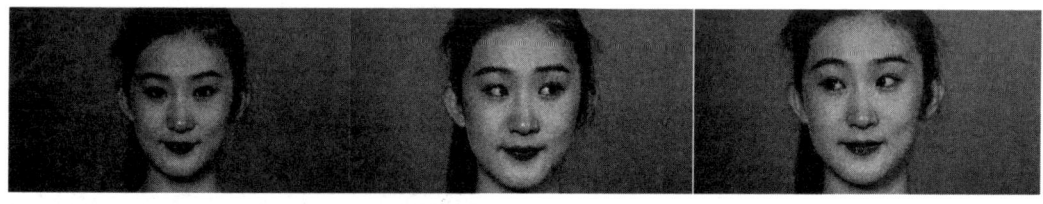

上下转动

准备姿势：面部放松，双目正视前方。先向上看，顺势眼帘下垂，眼睛从上至下，进行上下练习。常用于表现舞台上人物判断、打量的眼神。

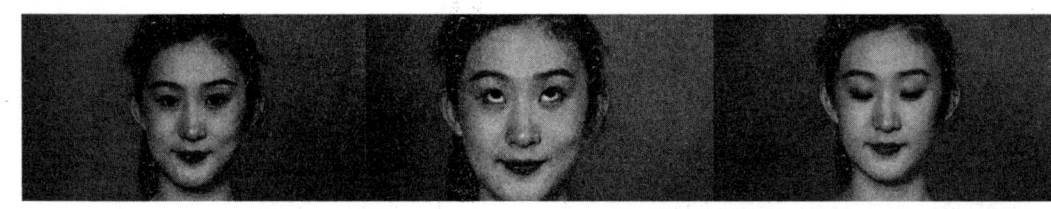

环动

准备姿势：面部放松，双目正视前方。眼睛从右—上—左—下的方向进行圆圈转动，速度由慢到快不停练习。常用于表现人物判断人或事物时加以思索的眼神。

曲动

准备姿势：面部放松，双目正视前方。眼睛从下至上的方向进行 S 形转动，速度由慢到快不停练习。常用于表现人物捉摸不定的情绪。

定神

准备姿势：面部放松，双目正视前方。搜寻面前的物品，目光集中在物品上，眼神定住。多用于人物亮相时。

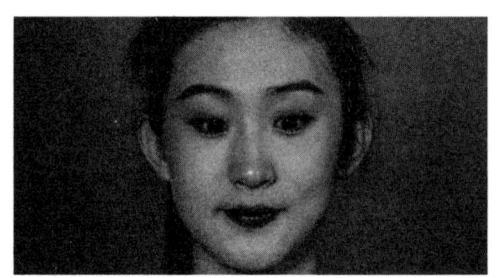

对眼

准备姿势：面部放松，双目正视前方。举出右手食指，两只眼睛盯住食指，右眼向左，左眼向右看。常用于表现人物昏厥前的眼神。

远望

准备姿势：面部放松，双目微看斜上方。搜寻远方的一个目标进行眺望。多用于表现人物盼望的心情。

近看

　　准备姿势：面部放松，双目微看斜下方。搜寻眼前的一个目标，将眼神定住。常用于表现凝望着人或物的眼神。

3. 目光训练

虚　双眼放松，眼皮稍微眯着，眼神飘忽不定，暗淡无光的神情。

实　目光聚焦，眼神坚定。可以寻找一个眼前的物品练习定神。

明　双眼微闭，随后突然睁眼，感受双眼突然放光，明朗清爽的感觉。

暗　目光深沉，左顾右盼，上眼皮稍微往下压。多表现人物想事情或者有防备心的神情。

惊　面部扩张，瞳孔放大，眼睛睁大，露出更多眼白。表现人物吃惊的神情。

第三章 戏曲广播操

"戏曲广播操"是由中国戏曲学院教授王志苹及她的团队开发的一套将戏曲身段和体育相结合的广播体操。这套广播体操从戏曲特有的美育、体育功能切入,把戏曲健身融入体育课的教学中,探索戏曲美育与体育教育有效衔接、转换的路径,让学生在戏曲运动中充分体验戏曲艺术之美。

王志苹

中国戏曲学院体育部主任,教授。主要从事戏曲演员的运动损伤康复及科学训练方法等方向研究,在核心期刊发表多篇学术论文,多次主持省部级科研项目,"戏曲广播操""戏曲韵律操"主编。

一、基础形体动作

1. 基本站姿与基本步法

勾脚 脚心向前,脚跟前伸。脚尖向上勾,压脚腕。

绷脚 脚心向下,提脚跟,脚尖下压,脚面绷直。

勾脚　　绷脚

扣脚 绷脚面，脚的外侧向里卷，变脚的内踝骨向上。

撇脚 勾脚面，脚心向前，脚跟前伸，脚尖向外撇。

扣脚　　　　撇脚

丁字步 以左丁字步为例，左脚脚跟紧贴于右脚脚窝处，双脚呈"丁"字形，双腿直立。（右丁字步为反方向动作）

别步 以左别步为例，左脚向右前方迈出，脚尖向前，右脚向左后方撤步，脚掌撑地，右膝盖弯曲顶在左腿膝盖窝处，左腿直立。（右别步为反方向动作）

左丁字步　　　　左别步

2. 基本手型与基本手法

兰花掌 拇指指肚贴于中指指根处，食指伸直。无名指和小拇指微微上翘并自然弯曲。

兰花掌

兰花指　食指伸直，大拇指指尖与中指指尖相捏，无名指和小拇指微微上翘并自然弯曲。这是旦行的基本指式。

兰花指

柳叶掌　四指并拢伸直，大拇指内扣。此种掌式常用于徒手格斗的场面。

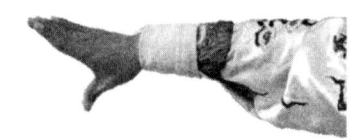

柳叶掌

剑指　食指和中指并拢、伸直。无名指和小指弯曲，拇指头贴于无名指和小指的指尖。此种手型多用于男性人物。

剑指

凤头拳（佛手拳）　中指弯曲，指尖轻搭于拇指根处，拇指伸直贴于中指侧面，食指弯曲盖住拇指指尖，无名指和小拇指呈阶梯形自然弯曲翘起。

凤头拳

方形拳　食指、中指、无名指和小指弯曲，指尖贴于手心。拇指弯曲，梢节横贴于食指和中指的中节上。这是男式握拳的一种。

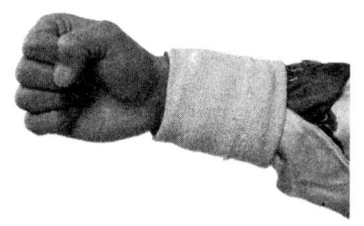

方形拳

一数 同兰花指。

三数 拇指与食指指尖相对，中指、无名指和小指自然伸开。

一数　　　　　三数

五数 食指、中指、无名指和小拇指并拢伸直，大拇指向掌心垂直。

七数 食指、中指和大拇指指尖轻捏在一起。无名指和小拇指向掌心弯曲。

五数　　　　　七数

单手指 左手叉腰，右手呈兰花指从胸前向外推出，指向身体右前方。

双手指 双手呈兰花指，从胸前推出至身体右前方，右手在前，手指微向左倾斜，左手在后，指向身体右前方，眼睛看向右前方。

单手指　　　　　双手指

摊掌 右手置于身体右前方，约与肩同高，左手置于前额左上方，双手掌心均向上，眼睛看向右前方。

托掌 左手叉腰，右手置于额头斜上方，向上撑起，眼睛看向前方。

摊掌　　　　　托掌

按掌 左手叉腰，右手置于腹前，掌心向下，身体微微左转，眼睛看向前方。

顺风旗 右手置于身体右前方，约与肩同高，掌心（拳心）向前，左手置于前额左上方，掌心向上，眼睛看向正前方。

按掌　　　　　顺风旗

托按掌 左手置于腹前，掌心向下，右手置于额头斜上方，掌心向上，身体微微左倾，眼睛看向左前方。

单山膀 左手叉腰，右臂平举于身体右侧，手臂向前微屈，掌心向外，指尖朝前，身体微微右转，眼睛看向前方。

托按掌　　　　单山膀

云手－山膀 左臂侧平举,掌心向外,右臂屈肘置于胸前,掌心向上。左臂向右水平画弧,右手从左臂下方穿过,两臂于胸前水平交叉。然后双手翻腕,掌心向前,自右向左沿顺时针方向环绕至身体右侧,与肩平齐。右手拳,左手拳,拳心向外,左手搭于右手拳背上。左手继续沿胸前向身体左侧拉开至与肩平齐,两臂呈水平状,然后转头亮相。

云手－山膀

掏翎子 双手于耳边轻握翎子根部,然后向翎子末端移动手指,移动至大约三分之二的位置时,用食指和中指夹住翎子向外翻转手腕,然后转头亮相。

掏翎子

小五花　两腕腕心于胸前相扣，双手沿顺时针方向旋转一周。

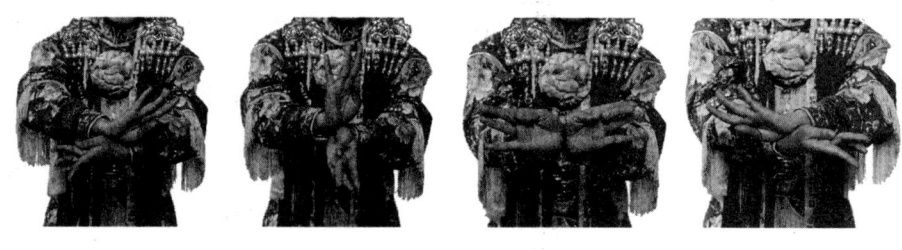

小五花

探海　两臂分别于身体两侧平举，掌心向外，指尖朝前，然后向前俯身，同时右（或左）腿向后抬起至脚尖高于头部，眼睛看向前方。

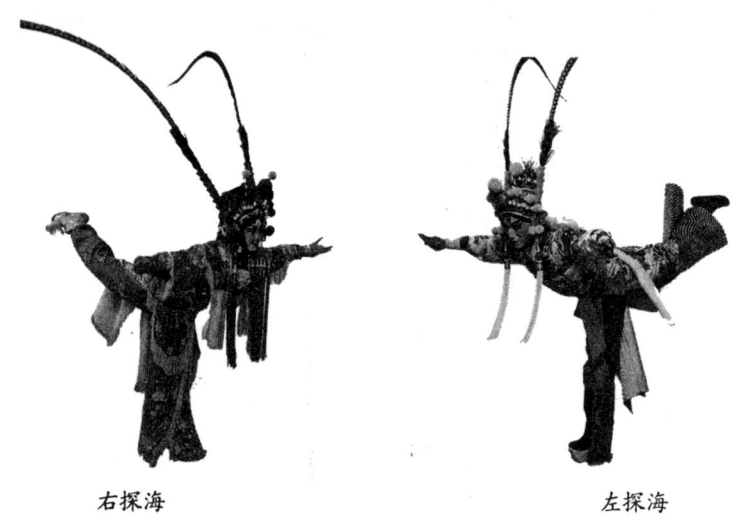

右探海　　　　　　　　　左探海

拱手　左手掌，右手拳，掌压拳于胸前环抱，双手稍向外翻转，眼睛看向前方。

拱手

二、手眼运动

1. 动作讲解

第一个八拍

1—2拍,女生撤左脚呈右别步,男生撤左脚呈右丁字步,右手叉腰,左手呈一数置于额头左上方,掌心向外,眼睛看向左手方向;

3—4拍,右手呈三数置于腹部右前方,掌心向外,眼睛看向右手方向;

5—6拍,右手呈五数向上画弧至额头上方,掌心向上,眼睛看向右手方向;

7—8拍,左手沿身体左侧向下画弧,然后呈七数置于腹前,掌心向上,眼睛看向左手方向。

第二个八拍

1—2 拍，右手沿身体右侧向下画弧至叉腰；

3—4 拍，女生左手兰花指，男生柳叶掌，从右前方起于体前沿逆时针方向环绕一周后，女生保持兰花指，男生变剑指；

5—6 拍，转头亮相，眼睛看向右前方；
7—8 拍，还原基本站姿。

第三个八拍（与第一个八拍方向相反）

1—2拍，女生撤右脚呈左别步，男生撤右脚呈左丁字步，左手叉腰，右手呈一数置于额头右上方，掌心向外，眼睛看向右手方向；

3—4拍，左手呈三数置于腹部左前方，掌心向外，眼睛看向左手方向；

5—6拍，左手呈五数向上画弧至额头上方，掌心向上，眼睛看向左手方向；

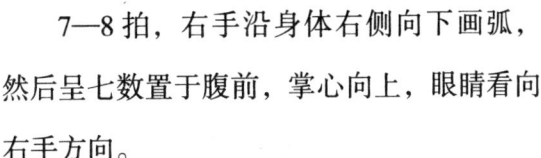

7—8拍，右手沿身体右侧向下画弧，然后呈七数置于腹前，掌心向上，眼睛看向右手方向。

第四个八拍（与第二个八拍动作相反）

1—2拍，左手沿身体左侧向下画弧至叉腰；

3—4拍，女生右手兰花指，男生柳叶掌，从左前方起于体前沿顺时针方向环绕一周后，女生保持兰花指，男生变剑指；

5—6拍，转头亮相，眼睛看向左前方；

7—8拍，还原基本站姿。

2. 教学重点及难点

在做本节动作时，要注意手、眼的协调配合，手型要准确。

三、肩部运动

1. 动作讲解

第一个八拍

1—2拍，女生双手兰花掌，男生柳叶掌，从身体左侧起沿顺时针方向于体前环绕一周，停至与肩同高，男生左手变拳，拳心向外；

3—4拍，右手向下画弧，拉开至与右肩同高，掌心向外，同时，女生撤右脚呈左别步，男生撤右脚呈左丁字步；

5—6拍，转头亮相，呈山膀造型；

7—8拍，还原基本站姿。

第二个八拍（与第一个八拍动作方向相反）

1—2拍，女生双手兰花掌，男生柳叶掌，从身体右侧起沿逆时针方向于体前环绕一周，停至与肩同高，男生右手变拳，拳心向外；

3—4拍，左手向下画弧，拉开至与左肩同高，掌心向外，同时，女生撤左脚呈右别步，男生撤左脚呈右丁字步；

5—6拍，转头亮相，呈山膀造型；

7—8拍，还原基本站姿。

第三个八拍

1—2拍，女生双手兰花掌，男生柳叶掌，从身体左侧起，沿顺时针方向环绕至身体右侧；

3—4拍，左脚向左侧跨步，脚尖向外，同时，左手按在右臂内侧，右手继续沿顺时针方向画弧，并带动身体转向左侧，右手环绕至体前平举，掌心向上；

5—6拍，上身回正，呈左弓步，同时，双手变拳向外对拉；

7—8拍，还原基本站姿。

第四个八拍（与第三个八拍动作方向相反）

1—2拍，女生双手兰花掌，男生柳叶掌，从身体右侧起，沿逆时针方向环绕至身体左侧；

3—4拍，右脚向右侧跨步，脚尖向外，同时，右手按在左臂内侧，左手继续沿逆时针方向画弧，并带动身体转向右侧，左手环绕至体前平举，掌心向上；

5—6拍，上身回正，呈右弓步，同时，双手变拳向外对拉；

7—8拍，还原基本站姿。

2. 教学重点及难点

1. 双手于体前环绕时，要用手腕带动两臂画弧，另外，两臂要保持一定的间距，约与肩同宽。

2. 两拳对拉时，要注意找好肩部发力点，身体随弓步向同侧微斜，眼睛看向正前方。

3. 该节的手眼配合动作较多，要注意手眼的协调。

4. 该节的动作转换较快，要注意把握节奏，把每个节拍的动作做完整。

四、胸部运动

1. 动作讲解

第一个八拍

1—2拍，左脚向左跨步，双脚约与肩同宽，女生双手兰花掌，男生柳叶掌，于胸前环抱（左手在上），掌心向下，两臂端平向外对拉，然后还原至环抱姿势；

3—4拍，双手翻腕，掌心向上，两臂水平向身体两侧打开，然后双手从身体两侧向下画弧回到体前，手背相对，指尖朝下，同时，女生撤左脚呈右别步，男生撤左脚呈右丁字步；

5—6拍，双手向上提至头部上方后打开，左手停至额头左上方，掌心向内，右手停至身体右前方，掌心向上，眼睛看向右前方；

7—8拍，还原基本站势。

第二个八拍（与第一个八拍动作方向相反）

1—2拍，右脚向右跨步，双脚约与肩同宽，女生双手兰花掌，男生柳叶掌，于胸前环抱（右手在上），掌心向下，两臂端平向外对拉，然后还原至环抱姿势；

3—4拍，双手翻腕，掌心向上，两臂水平向身体两侧打开，然后双手从身体两侧向下画弧回到体前，手背相对，指尖朝下，同时，女生撤右脚呈左别步，男生撤右脚呈左丁字步；

5—6拍，双手向上提至头部上方后打开，右手停至额头右上方，掌心向内，左手停至身体左前方，掌心向上，眼睛看向左前方；

7—8拍，还原基本站势。

第三个八拍

1—2拍，左脚向左跨步，脚尖向外，同时，左臂抬起经身旁向上绕至头顶，并带动身体转向左侧；

3—4拍，右臂向前抬起，双臂呈车轮式向后环绕半周后，身体回正；

5—6拍，双臂继续环绕，同时，女生撤左脚呈右别步，男生撤左脚呈右丁字步，左手停至额头左上方，掌心向上，右手停至身体右前方，掌心向外，呈顺风旗式亮相，眼睛看向右前方；

7—8 拍，还原基本站姿。

第四个八拍（与第三个八拍动作方向相反）

1—2 拍，右脚向右跨步，脚尖向外，同时，右臂抬起经身旁向上绕至头顶，并带动身体转向右侧；

3—4 拍，左臂向前抬起，双臂呈车轮式向后环绕半周后，身体回正；

5—6 拍，双臂继续环绕，同时，女生撤右脚呈左别步，男生撤右脚呈左丁字步，右手停至额头右上方，掌心向上，左手停至身体左前方，掌心向外，呈顺风旗式亮相，眼睛看向左前方；

7—8 拍，还原基本站姿。

2. 教学重点及难点

1. 做两臂向外平拉动作时，两臂要保持水平，不能过高或过低。

2. 做车轮式动作时，两臂要尽量保持在一条直线上。

五、腰部运动

1. 动作讲解

第一个八拍

1—2 拍，女生双手兰花掌，男生柳叶掌，向身体左侧画弧，右手停至腹前，掌心向下，左手停至前额上方，掌心向上；

3—4拍，撤左脚呈交叉步；

5—6拍，身体向右侧下压两次，眼睛看向右下方；

7—8拍，还原基本站姿。

第二个八拍（与第一个八拍动作方向相反）

1—2拍，女生双手兰花掌，男生柳叶掌，向身体右侧画弧，左手停至腹前，掌心向下，右手停至前额上方，掌心向上；

3—4拍，撤右脚呈交叉步；

5—6拍，身体向左侧下压两次，眼睛看向左下方；

7—8拍，还原基本站姿。

第三个八拍

1—2 拍，左脚向左跨步，同时将双手向上抬起，右手抬至前额上方，掌心向上，左手抬至身体左侧约与肩同高，掌心向外，眼睛看向左前方；

3—4 拍，左腿弯曲呈弓步，以腰为轴，身体从左向右俯探，双腿重心由左侧移到右侧；

5—6拍，以腰为轴，从身体右侧开始，向后涮腰，同时，双腿重心由右侧移到左侧；

7—8拍，还原基本站姿。

第四个八拍（与第三个八拍动作方向相反）

1—2拍，右脚向右跨步，同时将双手向上抬起，左手抬至前额上方，掌心向上，右手抬至身体右侧，约与肩同高，掌心向外，眼睛看向右前方；

3—4拍，右腿弯曲呈弓步，以腰为轴，身体从右至左俯探，双腿重心由右侧移到左侧；

5—6拍，以腰为轴，从身体左侧开始，向后涮腰，同时，双腿重心由左侧移到右侧；

7—8拍，还原基本站姿。

2. 教学重点及难点

①向侧方压动身体时，身体要面向正前方。

②做涮腰动作时，要使腰部始终保持在同一平面上。初练习时，不宜太快，要先掌握好腰部画弧动作的连贯性，同时注意手眼协调。

六、腿部运动

1. 动作讲解

第一个八拍

1—2拍，双手叉腰，吸左腿，左脚绷直，贴在右膝内侧；

3—4拍，左腿向左前方伸出，勾脚；

5—6拍，左腿收回呈盘腿状；

7—8拍，还原基本站姿，保持双手叉腰。

第二个八拍（与第一个八拍动作方向相反）

1—2拍，双手叉腰，吸右腿，右脚绷直，贴在左膝内侧；

3—4拍，右腿向右前方伸出，勾脚；

5—6拍，右脚收回呈盘腿状；

7—8拍，还原基本站姿，保持双手叉腰。

第三个八拍

1—2拍，左手叉腰，右手从左前方起，沿顺时针方向向身体右后方环绕；

3—4拍，右手继续环绕至腹前，掌心向下，同时，左脚向左前方上步，呈左弓箭步，然后转头按掌亮相，眼睛看向左前方；

5—6拍，左腿下压两次；

7—8拍，还原基本站姿。

第四个八拍（与第三个八拍动作方向相反）

1—2拍，右手叉腰，左手从身体右前方起，沿逆时针方向向身体左后方环绕；

3—4拍，左手继续环绕至腹前，掌心向下，同时，右脚向右前方上步，呈右弓箭步，然后转头亮相，眼睛看向右前方；

5—6拍，右腿下压两次；

7—8拍，还原基本站姿。

2. 教学重点及难点

①做抬腿、盘腿等动作时，要掌握身体平衡，保持直立站姿。

②做弓箭步动作时，前腿弓后腿绷，要注意身体的重心，使腰部保持直立状态。

七、伸展运动

1. 动作讲解

第一个八拍

1—2拍，右脚向右侧迈出，脚尖朝外，同时右手叉腰，左臂于身体左侧抬起至与肩同高，左手掌心向外，经体前沿水平方向向身体右侧画弧；

3—4拍，左臂继续画弧，并带动身体向右转至背部朝前，眼睛看向右斜上方；

5—6拍，以腰为轴，上身向后拉伸两次；

7—8拍，还原基本站姿。

第二个八拍（与第一个八拍动作方向相反）

1—2拍，右脚向右侧迈出，脚尖朝外，同时右手叉腰，左臂于身体左侧抬起至与肩同高，左手掌心向外，经体前沿水平方向向身体右侧画弧；

3—4拍，左臂继续画弧，并带动身体向右转至背部朝前，眼睛看向右斜上方；

5—6拍，以腰为轴，上身向后拉伸两次；

7—8拍，还原基本站姿。

第三个八拍

1—2拍，左脚向左前方迈出，脚跟点地，同时，双手贴耳上抬至头顶，然后带动身体向下俯身，双手停至左脚尖上方，掌心相对；

3—4 拍，双手向内翻转（女生变剑指），掌心向外；

5—6 拍，两臂上抬带动身体直立，双手举至额头上方，掌心向上；

7—8 拍，还原基本站姿。

2. 教学重点及难点

①做上身向上的拉伸动作时，上身要一直保持直立状态。

②做向下俯探的动作时，前腿要勾脚伸直，上身要保持挺直，后背与腿部韧带应该有拉伸的感觉。

③做由俯身向直立过渡的动作时，要找好重心，保持身体的稳定。

八、平衡运动

1. 动作讲解

第一个八拍

1—2 拍，双手叉腰，左腿伸直向后抬起，脚面绷直；

3—4 拍，屈膝向前抬腿，左脚贴于右膝内侧；

5—6 拍，两臂于身体两侧水平打开，双手呈剑指，同时，左腿伸直向后抬起，上身向正前方俯探；

7—8 拍，还原基本站姿。

第二个八拍（与第一个八拍动作方向相反）

1—2拍，双手叉腰，右腿伸直向后抬起，脚面绷直；

3—4拍，屈膝向前抬腿，右脚贴于左膝内侧；

5—6拍，两臂于身体两侧水平打开，双手呈剑指，同时，右腿伸直向后抬起，上身向正前方俯探；

7—8拍，还原基本站姿。

第三个八拍

1—2拍，左脚向右前方上步，呈交叉步站立，右手于身体右前方起沿顺时针方向向内画圆至腹前，掌心向下，眼睛看向右手方向；

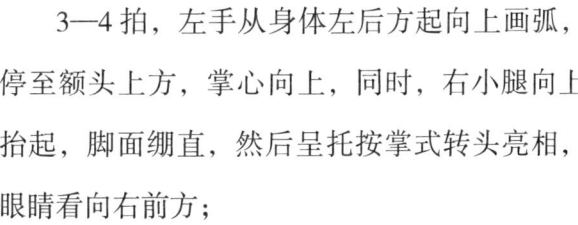

3—4拍，左手从身体左后方起向上画弧，停至额头上方，掌心向上，同时，右小腿向上抬起，脚面绷直，然后呈托按掌式转头亮相，眼睛看向右前方；

5—6拍，右脚落回，脚掌撑地；

7—8拍，还原基本站姿。

第四个八拍（与第三个八拍动作方向相反）

1—2拍，左脚向右前方上步，呈交叉步站立，右手从身体右前方起沿顺时针方向向内画圆至腹前，掌心向下，眼睛看向右手方向；

3—4拍，左手从身体左后方起向上画弧，停至额头上方，掌心向上，同时，右小腿向上抬起，脚面绷直，然后呈托按掌式转头亮相，眼睛看向右前方；

5—6拍，右脚落回，脚掌撑地；

7—8拍，还原基本站姿。

2. 教学重点及难点

①做上身俯探动作时，主力腿要伸直，双臂要抬平并控制好平衡；初练习时，可以减小由腿部向后抬起的幅度，先把动作重心掌握好。

②做别步抬腿的动作时，要求绷紧脚面向后踢腿，要注意找好身体重心，使身体始终保持直立。

九、跳跃运动

1. 动作讲解

第一个八拍

1—2拍，双手叉腰，左腿向前屈起至左脚贴于右腿内侧，脚面绷直，呈前吸腿跳跃；

3—4拍，左脚向身体正前方踢出，呈前踢腿跳跃；

5—6拍，左腿向身体左侧面屈起至左脚掌贴于右腿内侧，脚面绷直，呈侧吸腿跳跃；

7—8拍，左脚向身体左侧方踢出，呈侧踢腿跳跃。

第二个八拍（与第一个八拍动作方向相反）

1—2拍，双手叉腰，右腿向前屈起至右脚掌贴于左腿内侧，脚面绷直，呈前吸腿跳跃；

3—4拍，右脚向身体正前方踢出，呈前踢腿跳跃；

5—6拍，右腿向身体右侧面屈起至右脚掌贴于左腿内侧，脚面绷直，呈侧吸腿跳跃；

7—8拍，右脚向身体右侧方踢出，呈侧踢腿跳跃。

第三个八拍

1—4拍，从左腿起，两腿交替跳跃，双手举至额头上方，掌心向上，指尖相对，约与肩同宽；

5—6拍，双脚起跳，右脚落地，左腿向后屈起，同时双手掌心向内，两臂向两侧画弧，左手停至额头左上方，右手停至身体右前方，呈顺风旗式；

7—8拍，重复5—6拍动作。

第四个八拍（与第三个八拍动作方向相反）

1—4拍，从右腿起，两腿交替跳跃，双手举至额头上方，掌心向上，指尖相对，约与肩同宽；

5—6拍，双脚起跳，左脚落地，右腿向后屈起，同时双手掌心向内，两臂向两侧画弧，右手停至额头右上方，左手停至身体左前方，呈顺风旗式；

7—8拍，重复5—6拍动作。

2. 教学重点及难点

①在做吸腿、盘腿和踢腿的跳跃动作时，要绷紧脚面，膝盖不能弯曲。

②在整个跳跃运动过程中，身体要始终保持直立状态，不能歪扭和倾斜。

十、全身运动

1. 动作讲解

第一个八拍

1—2拍，右脚向右跨步，呈右弓步，右手从身体左下方起沿顺时针方向画弧，绕至身体右侧；

3—4拍，右手叉腰，左手向右环绕至胸前，并带动身体转向右侧；

5—6拍，左手变剑指，沿胸前指向身体左前方，然后转头亮相，眼睛看向左前方；

7—8拍，还原基本站姿。

第二个八拍（与第一个八拍动作方向相反）

1—2拍，左脚向左跨步，呈左弓步，左手从身体右下方起沿逆时针方向画弧，绕至身体左侧；

3—4拍，左手叉腰，右手向左环绕至胸前，并带动身体转向左侧；

5—6拍，右手变剑指，沿胸前指向身体右前方，然后转头亮相，眼睛看向右前方；

7—8拍，还原基本站姿。

第三个八拍

1—2 拍，左脚向左跨出，双手于腹前交叉，掌心向上，抬至额头上方；

3—4 拍，翻转手腕，掌心向下，两臂分别于身体两侧向下画弧，然后于胸前交叉，掌心向上；

5—6拍，双手向身体两侧水平打开，同时向前俯身，眼睛看向正前方；

7—8拍，还原基本站姿。

第四个八拍（与第三个八拍动作方向相反）

1—2拍，右脚向右跨出，双手于腹前交叉，掌心向上，抬至额头上方；

3—4拍，翻转手腕，掌心向下，两臂分别于身体两侧向下画弧，然后于胸前交叉，掌心向上；

5—6拍，双手向身体两侧水平打开，同时向前俯身，眼睛看向正前方；

7—8拍，还原基本站姿。

2. 教学重点及难点

①做剑指指出的动作时，要以肘带臂，沿胸前指向身体侧面。

②做双手的交叉动作时，要避免夹膀子。

③做俯身打开双臂的动作时，上身要挺直向下压，双腿要伸直。

十一、整理运动

1. 动作讲解

第一个八拍

女生动作：

1—2 拍，左别步站立，右手于身体右侧抬起至与肩同高，掌心向外，左臂屈肘置于胸前，掌心向上；

3—4 拍，双手于胸前腕心相扣做小五花；

5—6 拍，左手向左水平推开，掌心向外，右手向右水平拉开，端于胸前，掌心向上；

7—8 拍，还原基本站姿。

男生动作：

1—2拍，八字步站立，右手于身体右侧抬起至与肩同高，左臂屈肘置于胸前，掌心向上；

3—6拍，双手于胸前交叉，左手于右手下方穿出，双手拉开成拳，右手置于右胸下方；

7—8拍，还原基本站姿。

第二个八拍（与第一个八拍动作方向相反）

女生动作：

1—2拍，右别步站立，左手于身体左侧抬起至与肩同高，掌心向外，右臂屈肘置于胸前，掌心向上；

3—4拍，双手于胸前腕心相扣做小五花；

5—6拍，右手向右水平推开，掌心向外，左手向左水平拉开，端于胸前，掌心向上；

7—8拍，还原基本站姿。

男生动作：

1—2拍，右丁字步站立，左手于身体左侧抬起至与肩同高，右臂屈肘置于胸前，掌心向上；

3—6拍，双手于胸前交叉，右手于左手下方穿出，双手拉开成拳，左手置于左胸下方；

7—8拍，还原基本站姿。

第三个八拍

1—6拍，女生撤步呈左别步，男生上步呈左丁字步，双手于身体两侧向前画弧，于左胸前相交，左手掌压右手拳，呈左拱手礼式，眼睛看向左前方；

7—8拍，还原基本站姿。

第四个八拍（与第三个八拍动作方向相反）

1—6拍，女生撤步呈右别步，男生上步呈右丁字步，双手于身体两侧向前画弧，于右胸前相交，右手掌压左手拳，呈右拱手礼式，眼睛看向右前方；

7—8拍，还原基本站姿。

2. 教学重点及难点

①手掌向外推开时，胳膊不能伸得太直，要有一定的弧度。

②做拱手礼式动作时，双臂要自然架起。

伴读

一、阅读目标

1. 知识积累目标

（1）能够初步了解戏曲在行当、化妆、行头、砌末上的规矩和讲究，进而认识戏曲程式化的艺术特点。

（2）能够积累几出经典的戏曲剧目。

（3）能够掌握一些有趣的戏曲冷知识。

2. 能力提升目标

（1）能够将了解的戏曲知识进行迁移，在现代社会中寻找古老戏曲的影子。

（2）能够在学习经典剧目的同时，探索剧本背后的相关知识。

3. 艺术表现目标

（1）能够初步掌握京剧的韵味，用戏韵朗诵诗词。

（2）能够依据中国传统审美的标准，做到站有站相、坐有坐相、看有看法。

（3）能够实践戏曲广播操。

4. 文化理解目标

（1）能够发现中国传统戏曲的美，感受中国传统戏曲的艺术精神和文化魅力，建立文化自信。

（2）愿意学习戏曲艺术，并参与到中国戏曲的"活态传承"中来。

二、思考探究

1. 什么是程式？

2. 什么是行当？行当有哪些分类？

3. 京剧的化妆有什么特点？

4. 什么是行头？什么是砌末？京剧的行头和砌末有什么讲究？

5. 戏曲艺术的"身影"还出现在哪里？

6. 戏曲的咬字、发音有什么特点？

7. 戏曲的身段有哪些基本的要求？

8. 戏曲为什么到现在依然有生命力？

图书在版编目（CIP）数据

戏曲进校园 / 石泉编著 . — 长沙：湖南文艺出版社 , 2025.4
（戏曲进校园丛书 / 石泉主编）
ISBN 978-7-5726-1225-1

Ⅰ . ①戏… Ⅱ . ①石… Ⅲ . ①戏曲教育—小学—教学参考资料 Ⅳ . ① G624.713

中国国家版本馆 CIP 数据核字 (2024) 第 107279 号

XIQU JIN XIAOYUAN
戏曲进校园

出 版 人：陈新文
主　　编：石　泉
编　　著：石　泉
责任编辑：曾　月　王佳玲
封面设计：汪　勇
出版发行：湖南文艺出版社
地　　址：长沙市雨花区东二环一段508号　邮编：410014
网　　址：www.hnwy.net
经　　销：湖南省新华书店
印　　刷：湖南志翔印务有限公司
版　　次：2025年4月第1版
印　　次：2025年4月第1次印刷
开　　本：787 mm × 1092 mm　1/16
字　　数：200千字
印　　张：19.25
书　　号：ISBN 978-7-5726-1225-1
定　　价：39.80元

本社邮购电话：0731-85983102
若有印装质量问题，请直接与本社出版科联系调换